JN423623

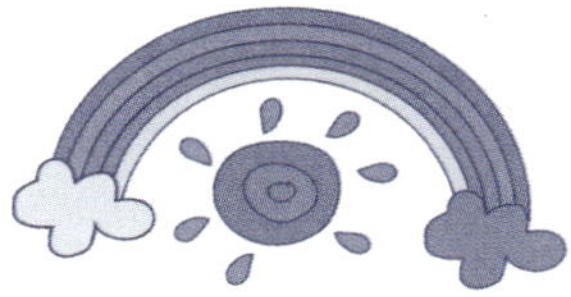

아들러 심리학 기반 아동 지도 핸드북

격려하는 부모 용기 있는 아이

Betty Lou Bettner 저
오정선 · 유리향 · 강영신 · 오익수 공역

Encouraging Parents, Courageous Children: The Crucial Cs Handbook

학지사

Encouraging Parents, Courageous Children: The Crucial Cs Handbook
by Betty Lou Bettner, Ph.D.

Copyright © 2022 by Betty Lou Bettner, Ph.D.
Published by Family Leadership Center,
powered by The 4C Institute.

Korean Translation Copyright © 2026 by Hakjisa Publisher, Inc.
The Korean translation rights published by arrangement with
Family Leadership Center.

All rights reserved.

본 저작물의 한국어판 저작권은
Family Leadership Center와의 독점계약으로 (주)학지사가 소유합니다.
저작권법에 의해 한국 내에서 보호를 받는 저작물이므로
무단 전재와 무단 복제를 금합니다.

아동 격려에 대한 아들러의 가르침은 아동의 자신감을 길러 주는 데 기초가 된다. 아이들이 자신의 강점을 경험하기 위해서는 그것이 외부에서 오는 것이 아니라 내면에서 나온다는 것을 배워야 한다. 격려는 매일 자신의 강점을 인식하는 것에서 시작된다. 자녀에게 용기를 심어 주는 것은 아이가 삶의 학습과 경험을 통해 이미 가지고 있는 것을 알게 해 주므로 부모에게 가장 좋은 양육 도구가 된다. 따라서 자녀를 격려하는 방법을 아는 부모가 아이를 용기 있게 키우는 이유이다.

–알프레트 아들러Alfred Adler(1870~1937)

격려란, 아동에게 자기 존중감과 성취감을 주는 것을 목표로 하는 지속적인 과정이다. 유아기 초기부터 아동에게는 성취를 통해 자신의 자리를 찾아갈 수 있도록 도움이 필요하다.[1]

–루돌프 드라이커스Rudolf Dreikurs(1897~1972)

역자 서문

격려하는 부모만이 용기 있는 아이를 기를 수 있습니다.

모든 부모는 자녀가 건강하고 행복하게 살아가기를 바랍니다. 첫 자녀가 태어나는 순간, 누구나 생애 처음으로 부모가 되어 부모 역할을 시작하게 됩니다. 자녀를 잘 양육하고 싶어 하나 부모 역할에 대한 준비가 부족한 부모들은 많은 시행착오를 겪으며 힘들어합니다. 이 책은 그러한 부모를 위한 자녀 양육서이자 교사, 보육 종사자 등 아동을 지도하고 돌보는 분들을 위한 아동 지도 핸드북입니다.

부모는 자녀가 인생 과제인 일, 사랑, 우정의 관계 속에서 자신과 타인을 존중하고 민주적인 평등 관계를 이루며 살아가기를, 즉 사회적 관심이 충만한 눈으로 서로 협력하고 세상에 기여하며 살아가기를 진심으로 바랍니다. 또한 자녀가 나무처럼 현실에 뿌리를 굳게 내려 안정감을 갖고 살기를 바라며, 동시에 자신의 꿈과 목표를 이루기 위해 새의 힘찬 날갯짓으로 비상하기를 바랍니다. 이 책은 바로 이러한 부모와 교사의 바람을 이루도록 돕기 위한 책입니다.

베트너Bettner의 『격려하는 부모, 용기 있는 아이Encouraging Parents, Courageous Children』는 부모와 교사 역할을 효과적으로 잘할 수 있도록 한 장의 지도처럼 상세하게 안내합니다. 아동 지도와 부모 교육의 초석을 세운 아들러의 뛰어난 이론, 자녀 성장에 중요한 네 가지 핵심 욕구인 4C[Crucial Cs], 즉 유대감[Connect], 가치감[Count], 유능감[Capable], 용기[Courage]와 그 역량을 키우는 데 필요한 기술, 아동의 행동을 이해하고 그 행동을 다루기 위한 전략, 원치 않는 행동을 이해하고 통합하는 훈육, 민주적인 역량을 키워 주는 가족회의에 대해 다루고 있습니다. 또한 부모 스스로 매 주제마다 '마음 들여다보기 질문'을 통해 실제 삶에 적용하도록 구성되어 있습니다. 무엇보다, 우리 자녀들에게 꼭 선물해야 할 네 가지 핵심 욕구 4C를 길러 주는 법이 상세히 나와 있습니다.

베트너는 "자신의 인생에서 가장 재능 있는 사람은 타인에게 용기를 심어 주는 격려의 기술을 발달시킨 사람"이라고 하였습니다. 자녀에게 용기를 길러 주기 위해 일상에서 자녀의 강점을 인정해 주는 것, 자녀가 자신이 이미 가지고 있는 것을 볼 수 있고, 그것을 활용할 수 있게 해 주는 것이 저자가 말하는 '격려하는 부모'의 모습입니다.

효과적인 양육 방법을 알고 싶은 부모들과 아동을 잘 교육하고 지도하고 싶은 분들에게 이 책이 유용한 길잡이가 되리라 믿습니다.

함께 번역하신 교수님들과 이 책을 출판할 수 있게 해 주신 학지사 김진환 사장님께 감사드리며, 책이 잘 출간되도록 도움을 주신 윤상우 과장님, 꼼꼼히 편집해 주신 김지혜 님의 노고에 깊이 감사드립니다.

2026년 1월
역자 대표 오정선

차례

서론

아동을 돌보는 사람들을 돕고 가르치기 위해 고안된 많은 책이 있다. 그러나 독자가 적합한 책을 선택하기는 쉽지 않다. 선택에 도움이 되는 질문은 책 내용의 근원을 파악하는 것이다. 무엇이 가장 효과적인지에 대한 저자의 경험이 축적된 것인가? 부모뿐만 아니라 아동과 함께 일하는 전문가를 위해 많은 이론 및 체계를 연구하여 오늘날의 문제에 맞는 결론을 도출한 저자인가? 그렇다고 하더라도, 그 저자는 우리가 이미 잘 알고 있는 이론 및 체계인 통제라는 목표를 위해 순응과 복종, 보상과 처벌을 포함하는 방법을 부모에게 가르치고 있는가?

이 책은 그러한 책들과는 전혀 다르다.

우리가 계속해서 새로운 해답을 찾는 동안 100년 전에 기록된 지혜를 간과하고 있는 건 아닐까? 모든 부모에게 필요하고, 모든 아이가 환영할 만한 것을 달성하기 위한 토대를 닦고 전략을 수립한 이론이 있는가? 음, 그런 이론이 존재한다!

대학에서 심리학을 공부하는 사람은 아들러와 그의 이론에 대해 배우게 된다. 이 책은 자녀가 있거나 아동과 함께 일하는 사람들, 또는 인간 행동을 이해하고자 하는 사람들에게 아들러의 이론을 소개하는 책이다.

이 책은 아들러의 학문적인 이론을 '핵심 욕구 4C'라고 하는 매우 실용적이고 적절한 용어로 다시 풀어서 설명하고 있다. 이론을 설명하는 것으로 시작하여 실행하는 방법까지 제시하고 있다.

이 책은 오늘날 그 어느 때보다 더욱 의미 있는 개인심리학의 중요성을 강조하기 위해 집필되었다. 부모, 교육자, 보육 종사자, 아동과 관련된 일을 하거나, 아동과 시간을 보내는 사람이라면 누구나 이 자료를 검토하고 자신만의 결론을 내릴 수 있도록 환영의 인사를 전한다.

이 책을 쓰면서 바라는 것은 이 책을 읽는 사람이 생활 속에서 아동에게 사용할 수 있는 실용적인 도구를 찾고, 먼 미래까지 생각할 수 있는 더 깊은 개념을 발견하는 것이다.

이 책은 여러 부분으로 구성되어 있으며, 다양한 방법으로 읽을 수 있다. 각 핵심 개념 뒤에는 '마음 들여다보기 질문'이 있어 더 깊은 이해를 돕고, 개별적으로 배운 것을 심화시킬 수 있으며, 가족, 친구, 직장 등 일상생활에 아이디어를 적용할 기회를 제공한다. 친구들과 함께 모여 각 부분을 살펴보면서 질문에 답해 볼 수도 있다. 아니면 마음 내키는 대로 편하게 건너뛰며 읽어도 된다. 책을 어떻게 읽을 것인지는 독자 스스로 정하면 된다.

우선 기본 이론을 살펴보려면 다음 장으로 바로 넘어가면 된다. 실제적인 전략으로 바로 넘어가고 싶다면 이론은 나중에 살펴볼 수 있다.

아들러의 놀라운 세계에 온 것을 환영한다!

제1장

알프레트 아들러의 뛰어난 이론

알프레트 아들러의 개인심리학Individual Psychology에서는 아동의 몇 가지 절대적 욕구absolute need를 강조한다. 첫째, 소속감을 느끼고자 하는 욕구이고, 둘째, 타인에 대한 관심인 사회적 관심social interest이라는 욕구이며, 셋째, 기꺼이 협력하려는 욕구, 넷째, 책임을 다하려는 욕구이다. 이것은 인간의 정신건강을 정의하는 조건이며, 그 시작은 소속감에서 비롯된다. 사회가 실패자로 간주하는 사람들은 이러한 조건이나 욕구가 결핍되어 있다. 범죄자, 비행 청소년, 심지어 비협력적인 사람들을 떠올리면 이러한 기본적인 욕구를 충족하지 못한 경우라고 볼 수 있다.

알프레트 아들러

아들러는 1870년 2월 7일 오스트리아 비엔나 근처에서 태어났다. 그는 1888년부터 1894년까지 비엔나 의과대학에 다녔다. 처음 1895년에는 안과, 그다음에는 내과, 마지막으로는 정신과를 전공했다.

1902년 지그문트 프로이트Sigmund Freud는 아들러와 다른 세 명의 현직 의사를 비공식 토론 집단에 초대했다. 아들러는 프로이트의 제자나 환자가 아니었다. 두 사람은 1911년 결별할 때까지 9년간 전문가적 관계를 맺어 왔다. 아들러는 프로이트가 성sexuality과 무의식을 강조하는 것에 강하게 반대했다. 프로이트는 추동drive, 행동의 원인, 개인 내 문제에 집중했다. 아들러는 인간을 전체적인holistically 존재로 보고, 행동은 사회에서 자신의 자리를 찾으려는 인간의 욕구에 부응하면서 발달되는 목표 지향적인 것으로 보았다. 아들러는 모든 문제가 사회적인 문제라고 설명했다. 프로이트의 접근법은 정신분석psychoanalysis이라고 불렸던 반면, 아들러는 전체적인 개인을 강조하기 위해 자신의 이론을 개인심리학이라고 불렀다.

아들러는 아동의 애정 욕구에서 시작하여, 이러한 욕구가 어떻게 사회적 감정의 필수적인 부분이 되는지에 이르는 인간의 사회적 내재성social embeddedness에 처음으로 주목한 사람이었다. 아들러는 이를 피할 수 없는 **공동체 생활의 철칙**iron logic of communal life이라고 불렀다. 정신적으로 건강한 개인은 더 큰 사회의 일원으로 여겨져야 하며, 스스로도 자신을 그렇게 바라보아야 한다 아들러는 사회적 관심이라고도 불리는 사회적 감정을 정신건강의 지표이자 인간이 이 세상에서 생존할 수 있게 하는 것으로 보았다. 그는 모든 정신건강 문제는 사회적 관심, 용기, 자신감의 부족으로 인해 발생한다고 보았다. 응석받이와 거부당한 아이는 사회적 관심을 충분히 발달시키지 못했다. 따라서 좋은 양육을 위해서는 아이를 응석받이로 키우거나 거부하는 것을 피해야 한다.

1904년 아들러는 『교육자로서의 의사The Physician as Educator』를 출간했다. 그는 청소년의 정서적 문제를 예방하기 위해 의사가 교사와 부모를 교육할 것을 제안했다.

그 제안 내용은 다음과 같다.

- 아동의 마음을 얻으라.
- 자신의 강점에 대한 자신감을 키워 아동의 성장을 지원하라. 이는 자신의 운명을 자신의 강점에서 비롯하는 것으로 보는 데 필요한 용기로 이어진다(응석받이, 과잉보호, 약하고 아픈, 학대받은, 거부당한 아이들은 자신감을 쉽게 잃을 수 있다).
- 어떤 상황에서도 아동이 교육자를 두려워해서는 안 되는데, 이러한 두려움은 아동에게서 자신감을 빼앗고 큰 혼란을 주기 때문이다.
- 처벌보다는 격려를 선호하고, 실수의 본질과 대안적인 행동에 중점을 둔 교정이 이루어져야 한다.
- 맹목적인 복종을 요구하는 것보다 선택권을 제공하는 것이 더 바람직하다.

1919년에서 1920년까지 아들러는 비엔나에 아동 지도 클리닉을 설립했고, 1934년에 이르러서는 32개의 클리닉을 운영했다. 아들러의 목표는 본인 자신도 경험한 교육적 권위주의를 종식하고, 모든 아동을 개별적인 정서적 · 지적 욕구를 가진 고유한 개인으로 여기도록 돕는 것이었다. 학급 협의회를 구성하여 학급에 영향을 미치는 문제에 관해 학생들이 토론을 주도하면서, 모든 사람에게 자신의 의견을 말하고 문제를 해결할 기회를 주었다.

아들러의 젊은 동료들은 여교사에게 남교사와 같은 동등한 권리를 부여하고, 모든 학생에게 무료 교과서와 관련 자료를 제공하고, 학생을 위한 도서관, 교사를 위한 교육 도서관, 그리고 학군 내 학부모회 설립, 학교 내 체벌 폐지, 사회측정법sociometric methods과 집단 역동에 대한 통찰, 토론과 상담, 학생 중심 교육, 또래 교육 등을 활용했다(이 중 많은 부분이 오늘날에는 새로운 교육 방법으로 여겨지고 있다). 이렇듯 아들러는 아동 지도와 사회사업 분야에 막대한 영향을 끼쳤다.

전 세계의 전문가들이 정서적 문제가 있는 아동을 돕는 아들러의 방법을 연구하기 위해 비엔나로 왔다. 그는 〈까다로운 아이The Difficult Child〉와 〈학교 문제아Problem Children in School〉라는 제목의 강좌를 열었다. 서로 존중하고 협력하는 가정을 꾸리는 것에 대한 아들러의 기본 철학은 교실뿐 아니라 모든 종류의 사회를 운영할 때에도 동일하게 적용되었다. 이러한 상담 센터들은 1934년 파시즘이 등장하면서 문을 닫았다.

아들러는 1937년 5월 28일 강연 일정을 위해 방문했던 스코틀랜

드 애버딘에서 사망했다. 아들러의 가장 잘 알려진 젊은 동료였던 드라이커스는 미국과 전 세계 여러 나라에서 상담과 부모 및 교사 교육 분야에서 아들러의 업적을 계승하고 확장했다.

이러한 자료는 다음 출판물에서 발췌한 것이다.

- Bettner, B. L. (1999). *The encyclopedia of parenting theory and research* (C. Smith, Ed., pp. 11-13). Greenwood Press.

아들러의 저서는 다음과 같다.

- 『아동 교육The Education of Children』(1930)
- 『인생은 당신에게 무엇을 의미해야 하는가What Life Should Mean to You』(1931)
- 『인간 본성의 이해Understanding Human Nature』(1937)

사회적 관심

정신건강에는 사회적 관심이 필요하다. 문제의 해결책을 찾을 준비가 되어 있는지, 삶의 경험에서 배우며, 긍정적인 관계를 발전시키는지 관찰하면 사회적 관심이 있는 사람인지를 쉽게 알아볼 수 있다. 사회적 관심은 창의적이고 생산적인 삶을 살며 어려움을 극복하고 도전에 대처할 수 있는 사람들에게서 분명하게 나타난다. 사회적 관심은 정상성normalcy을 정의하는 척도이다.

아들러 이론의 기본은 삶에 필요한 것이 무엇인지 아는 것이며, 여기에는 우리 자신을 공동체 생활에 내재된 존재로 바라보는 것이 포함된다. 우리는 생존하고 번성하며 성장하기 위해 다른 사람들이 필요하다. 아들러가 사회적 관심에 대해 사용한 용어는 함께together/연결ships/감정feeling이라는 느슨하게 정의된 공동체 의식gemeinschaftsgefühl이었다. 아들러는 이 단어를 사용하여 **정상적**이라는 것이 무엇을 의미하는지 설명했으며, 사회적 관심은 호흡처럼 자연스러운 것이어야 한다고 믿었다.

아들러는 모든 사람이 반드시 다루어야 할 세 가지 인생 과제를 제시했다. "반드시 다루어야 할 세 가지 주요 문제는 공동체 생활, 일, 사랑의 문제이다." 그는 이어서 "이 세 가지 과제는 연계, 생활 보장, 후대 돌봄을 위해 필연적으로 우리를 하나로 묶어 주는 분리할 수 없는 유대에서 비롯된다."[2]라고 설명했다. 이러한 과제에는 타인의 존재가 필요하며, 이것이 바로 삶에 사회적 관심이 필요한 이유이다.

아들러는 "인생의 모든 주요 문제는 인간 협력의 문제"[3]라고 말하며 소속감의 필요성과 타인에 대한 배려의 필요성을 강조했다.

> 인생의 문제를 진정으로 만나고 극복할 수 있는 사람만이 다른 모든 사람을 풍요롭게 하는 경향을 보이고, 다른 사람에게도 이익이 되는 방향으로 나아가는 사람이다.
>
> — 알프레트 아들러[4]

타인에게 관심이 없는 개인이야말로 삶에서 가장 큰 어려움을 겪으며, 타인에게 가장 큰 해를 끼친다. 모든 인간의 실패는 그러한 개인들로부터 비롯된다.

— 알프레트 아들러[5]

아들러에게 정신건강의 핵심은 사회적 관심, 소속감, 타인에 대한 배려였다. 다른 사람을 배려하지 않는 사람은 정신적으로 건강할 수 없다.

마음 들여다보기 질문

누군가를 돕고 나서 기분이 어떤지 생각해 본 적이 있나요? 당신의 일이 사람들에게 어떻게 도움이 되나요? 누군가를 위해 일을 하거나 무언가를 베푸는 것을 즐기는 사람을 본 적이 있나요?

목표 지향적

아들러는 행동이 어떤 원인에 의해 발생한다는 일반적인 생각에서 벗어났다. 그는 행동을 이해하는 유일한 방법은 행동의 원인이 아니라 행동의 목표를 밝히는 것이라고 보았다.

행동이 무언가에 의해 유발된다는 생각은 여전히 행동을 설명하는 방식이다. 사람들은 자주 "그는 가난했기 때문에 저렇게 행동한다." "그녀는 학대받았기 때문에 저렇게 행동한다." "그는 응석받이로 자라서 저렇게 행동한다."라고 말한다. 가난하거나 학대받거나 응석을 부리는 모든 사람은 각자의 목표를 향해 나아가기 위해 다른 전략을 선택할 수 있고, 실제로 종종 선택하기 때문에 이러한 결론으로 그 행동들을 설명할 수 없다.

원인에 집중하는 어른은 자신이 선택한 방향으로 아동이 움직이도록 설득하려고 할 수 있다. 당신은 다른 사람을 위해 목표를 선택할 수 없다. 목표는 대부분 무의식적으로 선택되기 때문에 아동이 자신의 강점을 찾아 개인과 공동체 전체에 유용한 방식으로 목표를 향해 나아가도록 격려할 수 있다. 강점을 찾아 이를 발전시키면 아동은 어떤 어려움을 만나더라도 극복할 용기를 갖게 된다.

예를 들면, 교사가 과제를 내준다. 아동이 좋은 성적을 받거나 교사나 부모를 기쁘게 하려는 목표를 세운다면, 과제를 완수하는 것을 선택할 것이다. 아동은 자신의 목표를 향해 나아가고 있다.

하지만 아동이 이 과제가 자신에게 어떻게 도움이 되는지 모르거나 교사를 좋아하지 않거나 부모를 기쁘게 하는 데 관심이 없다면, 과제를 완수하지 않기로 결심할 수 있다.

과제를 할 것인지 안 할 것인지 결정하는 것은 아동에게 달려 있다. 부모와 교사는 종종 "어떻게 하면 아동의 목표를 찾아낼 수 있을까요?"라고 묻는다. 이 주제는 다음 장에서 자세히 살펴본다.

마음 들여다보기 질문

잠시 학생이었을 때의 자신을 떠올려 보세요. 어려운 수업이나 과제, 까다로운 선생님을 만났을 때 당신에게 동기를 부여했던 것은 무엇이었나요?

전체성

아들러는 자신의 이론을 **개인심리학**이라고 이름을 붙였다. 에바 드라이커스 퍼거슨Eva Dreikurs Ferguson의 말에 따르면, "개인심리학이라는 이름은 나눌 수 없는 개인 전체를 말한다. 모든 사람은 전체적인 존재로서 기능하는 '개인individual'이다. …… 개인심리학이란 명칭에는 다른 사람들, 특히 프로이트가 분할된 성격(원초아-자아-초자아)을 강조하던 시기에 개인의 전체성holism에 초점을 두려는 의도가 담겨 있다. …… 성격의 전체성과 통일성이라는 개념은 개인심리학의 기본 원칙을 반영한다."[6]

이러한 전체성 관점은 개인을 내적 투쟁을 하는 부분들로 바라본 프로이트의 이론과 정면으로 반대되는 개념이다. 아들러는 사람을 외부 세계를 지향하는 전체로 설명했다. 인간의 각 부분은 모두 협력적인 방식으로 연결되어 있다. 신체 부분들이 함께 작동하지 않으면, 신체가 이를 회복하려 하면서 이상이 있음을 경고하는 증상이 나타난다.

> 개인심리학의 가장 중요한 과제는 각 개인의 생각, 감정, 행동, 의식과 무의식, 성격의 모든 표현에서 이러한 통일성을 증명하는 것이다.
>
> — 하인츠 안스바허Heinz Ansbacher와 로웨나 안스바허Rowena Ansbacher[7]

신체를 전체적 실재로 보는 한 가지 방법은 모자이크 예술 작품으로 보는 것이다. 각 조각이 서로 맞물려 전체를 만들고, 각 조각은 다른 모든 조각과 함께 연결되어 그림을 완성하는 데 필수적이다. 또한 이러한 정의는 가족, 팀 또는 지역사회의 구성원들이 하나의 집단으로 함께 협력하는 것을 설명한다. 팀원 중 한 명이 협력하지 않으면 전체 집단에 영향을 미친다. 집단을 강하게 만들려면, 모두가 자신의 역할을 다해야 한다. 우리 모두는 각자 맡은 역할이 다르며, 전체에 기여해야 한다.

마음 들여다보기 질문

몸과 마음은 정말 분리되어 있을까요? 실제로는 자신이 원하는 것이 무엇인지 알고 있고, 사회적으로 허용되는 것이 무엇인지 알고 있지만, 두 가지가 일치하지 않을 때, "내 마음 한편에서는 하고 싶다고 말하지만, 다른 한편에서는 하기 싫다고 말해요."라고 말하는 자신을 발견하진 않나요? 어떤 논리를 선택할 건가요? 사회적으로 허용되지 않는 일을 한 것에 대해 기분이 나빠질 수 있어요. 우리는 스스로 변명하기 위해 감정을 사용할 수 있어요. 사실 이때는 세 번째 해결책을 생각해 내야 해요. 우리는 두 가지 해결책만 있다고 생각할 때 막히는 경향이 있어요.

열등감

아기는 생존을 위해 다른 사람이 필요하므로, 부모의 역할은 아이가 다른 사람에 대해 관심을 갖고, 다른 사람을 배려하며, 자신이 동등한 가치와 존엄성을 지닌 존재라는 자신감을 키울 수 있도록 교육하는 것이다. 생애 초기에 어린아이는 다른 사람들이 더 크고 강하다는 것을 알게 될 것이다. 바라건대, 확실히 부모는 자녀가 부적절한 느낌을 갖지 않도록 필요한 훈련과 교육을 해야 한다. 아이들은 자신이 할 수 없는 일이 많지만, 그중에서 많은 것을 배우기로 결심할 수 있음을 알게 된다. 아동이 할 수 없는 일은 일반적으로 아동에게 제공되지 않거나 배우지 않기로 선택한 것들이다.

아들러의 이론은 다른 사람보다 열등하다는 파괴적인 감정을 인정하는데, 이러한 감정은 책임을 지는 데 방해가 되고 다른 사람에게 공헌하거나 도움을 줄 수 없다고 느끼기 때문이다. 열등감은 자기 보호와 자기 자신만을 돌보는 것으로 이어질 수 있다. 이러한 감정은 앞으로 나아가고 유용한 사람이 되려는 자신감과 용기를 방해한다.

시력이나 청력에 문제가 있거나, 장기가 덜 발달하거나, 팔다리가 손상되거나, 기타 여러 가지 신체적 문제를 가지고 태어나는 아동들이 있다. 아동들은 성장하면서 이러한 문제를 어떻게 해석하고 대처할지 결정한다. 아들러는 오스트리아의 한 놀이공원에서 노동자들을 치료하며 그들의 이야기를 경청했다. 그는 그들 중 몇몇이 신체적 문제를 안고 태어났지만, 이러한 문제를 한계로 받아들이지 않음을 발견했다. 그들은 신체적 약점을 다루거나 극복하는 방법을 찾았다. 자신의 한계를 극복하기 위해 결심했던 놀라운 이야기들이 있었다. 이러한 이야기는 아들러의 보상 이론으로 이어졌다. 이 노동자들은 신체의 다른 부분을 강화함으로써 보상했고 종종 과도하게 보상했다. 그들에게는 선택권이 있다. 자신이 타고난 것을 받아들이고 대처하는 법을 배우거나, 자신감을 키우기 위해 신체의 다른 기능을 사용하는 것을 배움으로써 보상하거나, 또는 가능했던 것 이상으로 성취함으로써 과잉 보상을 선택할 수도 있다. 아들러는 이러한 인간의 끊임없는 상승 노력을 기술한 『기관 열등감 연구The Study of Organ Inferiority』(1907)라는 짧은 책을 썼다.

필립 슐츠Philip Schultz라는 소년은 성취도가 높은 아동 중 한 명이었다. 필립은 난독증이 있었지만, 당시에는 난독증이라는 단어가 생소했다. 그는 간단한 문장도 쓸 수 없었지만 노력했다. 그는 다른 아이들에게 많은 괴롭힘을 받았고, 그들과 싸웠다. 그는 3학년 때 낙제했고, 행동 문제로 인해 학교에서 퇴학을 당했다. 그는 노력하고 또 노력했지만 11세가 될 때까지 글을 읽지 못했다. 그는 아버지가 들려주는 이야기를 좋아해서 작가가 되고 싶었다. 그는 포기하지 않았다. 한 번은 소설을 썼지만, 원고를 받아 주는 데가 없었다. 소설이 잘되지 않자, 그는 시를 쓰기로 결심했다. 필립은 실패자처럼 느껴지는 자신의 내면을 파고들어, 자신의 학창 시절과 술에 취해 벌을 주던 아버지와 아버지가 실패한 여러 직업에 관하여 글을 썼다. 그는 이 시들을 모아 『실패Failure』라는 제목을 붙여 출판했다. 2007년 그의 시집은 퓰리처상을 수상했다. 필립은 "아이들에게 더 일찍 다가갈수록 좋습니다. 어떤 일이든 힘들어하는 아이에게 위안을 줄 수 있는 방향을 찾아 주는 것이 매우 중요합니다."라고 조언했다.[8]

우리는 신체적 한계를 극복하고 이를 보상하는 방법을 찾아내어 종종 과잉 보상하고 자신이 가진 것을 잘 활용하는 유명한 사람들에 대한 많은 이야기를 알고 있다. 마네Manet는 난시에도 불구하고 뛰어난 예술가가 되었다. 데모스테네스Demosthenes는 말더듬증이 있었으나 그리스 최고의 연설가가 되었다. 음악가 스티비 원더Stevie Wonder와 레이 찰스Ray Charles는 모두 시각 장애를 가졌지만 뛰어난 피아니스트가 되었다. 베토벤Beethoven은 청각 장애가 있었지만 작곡을 계속했다.

> 당신이 충분하지 않다는 생각은 거짓말이다. 당신이 아무런 가치가 없다는 생각은 거짓말이다.
>
> — 닉 부이치치Nick Vujicic

이것은 아들러의 말이 아니다. 호주에서 태어난 닉 부이치치라는 남성이 쓴 글이다. 닉은 팔과 다리가 없이 태어났다. 하지만 한 발이 있어, 공을 차고 펜으로 글을 쓸 수 있다. 닉은 수영, 서핑, 타자를 즐기고, 대학을 졸업했으며, 동기 부여 강연자로 활동하고 있다. 그는 결혼해서 네 명의 자녀를 두었다.

아들러는 아동을 응석받이로 키우거나, 방치 또는 학대하거나, 동정심을 갖는 것에 대해 경고했다. 그는 이러한 어른의 행동이 아동의 회복탄력성과 자립 능력을 방해한다고 믿었다. 아동의 삶에서 일어날 수 있는 일에 대해 안타까워하는 것은 적절하지만, 아동을 안타까워하는 것은 종종 자신감 부족을 나타내는 것이므로, 어려운 상황에 대처할 수 있는 아동의 용기를 키우는 것으로 대체해야 한다.

우리는 모두 때때로 열등감을 느낀다.
중요한 것은 우리가 열등감에 어떻게 대처하느냐이다.
열등감은 우리를 앞으로 나아가게 하는 동기가 될 수 있다.

마음 들여다보기 질문

우리는 모두 다르지만, 가치와 존엄성이 동등하다는 데 동의하나요? 우리는 다른 사람보다 열등하나요? 아니면 우리 모두 다른 강점과 기회가 있나요? 열등감을 느껴서 시도하지 못하는 이유가 있나요? 열등감을 느껴서 어떻게든 해결하려고 했던 상황이 있었나요? 당신이 존경하는 강점이 있다면 무엇이고, 그 강점을 획득하기 위해 열심히 노력한 사람이 있나요? 열등감을 느낄 때 어떻게 하나요? 포기하나요, 아니면 더 열심히 노력하나요?

움직임

아들러 학파는 종종 "혀는 입에 하나, 신발에 하나 있는데, 신발에 있는 혀만 믿으라."라고 말한다. 상대방의 말이 아니라, 행동에 주의를 기울이라는 것이다. 아들러는 "때로는 입이 거짓말을 하거나 머리는 이해하지 못하지만, 몸의 기능은 항상 진실을 말한다."[9]라고 했다. 사람들이 무엇을 믿는지 이해하려면, 그들의 움직임을 살펴보라.

개인은 자기, 타인, 삶에 대해 가지고 있는 신념에 따라 움직인다. 처벌을 자주 사용하는 지배적인 어른이 있는 가정에서 성장한 아동은 강해지는 것을 선택하고 처벌의 가치를 믿게 될 수 있다. 한편, 그런 행동을 모방하지 않으려고 주의하기를 선택하고 타인에게 결코 상처를 주지 않으려고 할 수도 있다.

개인은 이러한 결정이 어떤 결과를 가져오는지 판단할 수 있는 지혜를 갖기 전에 만들어진 일련의 신념에 따라 움직인다. 누구나 수집된 정보를 해석할 때 실수를 저지른다. 일부 실수는 타인이나 삶의 사건에 의해 새로운 정보가 제시되면 수정될 수 있다. 그러나 일부 선택은 절대적인 것으로 유지되며, 충격적인 사건이나 심리치료를 통해서만 바뀔 수 있다.

처벌적인 부모의 자녀가 선택할 수 있는 또 다른 결정은 자신이 계속 상처받는 사람이 되어, 다른 사람을 상처 주는 사람으로 바라보는 것이다. 많은 문화권에서는 상처 주는 사람을 잘못되고 나쁜

게 보기 때문에, 상처받는 사람이 되기로 한 사람은 그 입장을 옳고 선한 것으로 여긴다. 이는 약한 입장처럼 보일 수 있지만, 그 반대일 수도 있다. 타인을 상처 주는 사람으로 지각하기로 선택한 사람은 순교자나 의로운 사람이 되어 우월감을 느끼기로 선택한다. 이러한 선택은 타인에게 "나는 상처 주는 사람이 아니다. 왜냐하면 상처 주는 것은 옳지 않으니까. 나는 상처받는 사람이므로 내가 옳고, 상처를 주는 사람보다 더 우월하다. 나는 타인에게 상처를 주지 않지만, 타인이 나에게 어떻게 상처를 주는지 자주 지적한다!"라는 것을 보여 주려는 것이다. 아동이 그 행동을 어떻게 지각하는지를 아동을 처벌하는 사람이 결정하지 않는다. 아동에게는 스스로 판단하며 선택할 수 있는 다양한 가능성이 있다.

마음 들여다보기 질문

당신의 움직임을 이끄는 신념은 무엇인가요? 무엇이 당신을 이끄나요?

성격 발달

아동의 창의력

아들러는 유전과 환경이 중요하다고 설명하면서, 어느 쪽도 아동이 무엇을 하는 것만큼 중요하지는 않다고 덧붙였다.

> 유전과 환경은 결정적인 요인이 아니라는 가장 중요한 사실을 잊지 마라. 둘 다 자신의 스타일에 맞는 창조적 힘을 발휘할 수 있는 틀과 영향력만을 줄 뿐이다.
>
> — 알프레트 아들러

사람은 누구나 유전된 것과 환경에 있는 가용한 것을 수집하고 해석하며, 타인과 삶을 다루는 데 필요하다고 해석된 것을 주관적으로 구축하는 벽돌로 사용한다. 아동의 유전과 환경만 살펴본다면, 그 아동이 가진 창조적 힘의 거의 무한한 가능성을 간과하게 된다. 환경의 영향에 관해 말할 때 동일한 환경적 영향을 두 사람이 똑같은 방식으로 파악하고, 해석하고, 이해하고, 반응한다고 말할 수 있겠는가?

생활양식 이해하기

자녀가 여러 명인 가족을 생각해 보라. 모든 자녀가 부모를 같은 방식으로 묘사하거나, 모든 형제자매와 친밀하게 지내거나, 같은 이야기를 좋아하거나, 같은 방식으로 어린 시절을 기억하거나, 같은 음악을 즐기는가? 각 아동은 가족의 좋은 시절을 기억할까, 아니면 대부분 불행한 시절을 기억할까?

각 아동은 다음의 문장을 다양한 방식으로 완성할 수 있다.

나는 ______________________________.

여성은 ______________________________.

남성은 ______________________________.

커플 관계는 ______________________________.

인생은 ______________________________.

그리고 아동이 선택한 이러한 인식을 바탕으로 또 하나의 문장을 완성할 수 있다.

따라서 소속감을 느끼고 의미를 찾으려면, 나는 ______________________________ 해야만 한다.

이러한 인식은 아이가 4~5세 무렵 스스로 형성하고 그러한 인식을 바탕으로 자신의 경험을 해석하게 된다.

예시 1

나는 때때로 나쁘지만 똑똑하기도 하다.

여성은 종종 불행하다.

남성은 신뢰할 수 없다.

커플 관계는 이해하기 어렵다.

인생은 재미있지만 종종 어렵다.

따라서 소속감을 느끼고 의미를 찾으려면, 나는 독립적인 사람이 되기 위해 지능을 사용해야 하고, 누구를 신뢰할지 주의해야만 한다.

예시 2

나는 조용하고 강하다.

여성은 따뜻하고 창의적이다.

남성은 보호자이며 배려심이 깊다.

커플 관계는 필요하지만 때로는 예측할 수 없다.

인생은 도전적이고 보람 있다.

따라서 소속감을 느끼고 의미를 찾으려면, 나는 가진 것에 감사하고, 나의 행동과 학교생활을 잘함으로써 가족을 존중해야만 한다.

아들러는 우리에게 **사용의 심리학**psychology of use을 제시했다. 초점은 무엇을 가지고 있느냐가 아니라 가진 것을 어떻게 사용하느냐에 맞춰져 있다. 타고난 능력이나 환경이 특정 방향이나 행동을 선택하게 하지는 않는다. 모든 사람은 자신의 의견, 해석, 사고, 감정, 행동에서 타고난 창조적인 능력을 사용한다. 그러므로 일란성 쌍둥이조차도 완전히 똑같은 사람은 없다. 모든 아동은 소속감을 느끼기 위해 고유하고 창조적인 방식을 찾는다.

> 행동의 원인을 찾을 때, 무기력은 강조되고 행동에 대한 책임은 무시된다.
>
> — 레이첼 시프론Rachel Shifron[10]

모든 행동은 창조적이다. 행동 이면의 창조성을 파악하지 못한다면 해결책을 찾을 수 없다. 가장 큰 문제의 해결책은 언제나 끝없는 창조적인 마음에 달려 있다.

모든 인간은 창조적인 잠재력을 가지고 있다. 어른의 역할은 아동의 잠재력을 끌어내는 것이다. 자신이 창조적이지 않다고 말하는 사람은 창조성을 실현할 기회가 없었다는 뜻이다. 모든 사람은 자신이 어떤 역할을 할 것인지 스스로 결정한다.

가족 구도

개인은 그림이자 예술가이다. 각자 자신만의 개성을 가진 예술가이다.

— 알프레트 아들러[11]

성격이 어떻게 형성되고 발달하는지에 대한 아이디어가 많다. 성격은 유전의 일부분인가? 행동이 유전되는가? 성격은 아동의 환경 속에서 발달하는가? 유전과 환경의 조합인가? 아니면 다른 요인인가?

아들러는 다른 어떤 것이라고 결론지었다! 그는 유전이나 환경의 중요성을 과소평가하지 않았다. 그것들을 아동이 성격을 형성하기 위해 사용하는 벽돌로 여겼다.

아동 발달은 아동 자신의 내재적 능력이나 객관적 환경에 의해 결정되는 것이 아니라, 외부 현실과 그것과의 관계에 대해 우연히 해석하는 것에 의해 결정된다.[12]

그렇다면 머리카락, 눈동자 색, 피부색, 뼈 구조, 모반 등과 같이 아이가 물려받는 '벽돌'에는 어떤 것이 있는가? 아동은 주변 환경에서 어떤 '벽돌'을 가지고 있는가?

벽돌에는 부모 간의 관계, 형제자매 간의 관계, 양육 방식, 집안 분위기(따뜻함, 차가움, 화남), 성 역할, 가족 가치관, 경제적 상황, 가족생활의 모습이 어떤지 등이 포함될 수 있다.

따라서 아동은 '벽돌'을 가지고 있으며, 이제 타고난 창조성을 발휘하여 무엇을 만들 것인지, 그리고 인생이 어떤 것인지에 대한 인식에 들어맞는 어떤 전략을 활용할 것인지 결정하게 된다.

아동의 유전과 환경은 아동이 무엇을 만들 것인지에 관해 내리는 행동이나 선택을 결정하지 않는다. 유전과 환경 둘 다 중요하지만, 그 어느 것도 아동이 그 벽돌로 무엇을 하는지 만큼 중요하지는 않다.

소속감은 매우 중요하며, 인간은 사회적 존재이기 때문에, 아동은 첫 번째 사회 집단인 가족 내에서 어떻게 소속감을 느낄 수 있을지 스스로 알아내야 한다. 대가족뿐만 아니라 핵가족에서도 우리는 각 아동이 가족에 어떻게 적응하는지 파악하는 방식을 설명할 수 있다.

마음 들여다보기 질문

잠시 시간을 내어 어린 시절의 가족에 대해 생각해 보고, 자신을 포함한 형제자매들에 대해 다음 문장을 완성하세요.

- 아동 1: 어렸을 때 우리 가족 중에서 ________은/는 ________ 한 아이였다(예: 착한 아이, 재미있는 아이, 편식하는 아이, 도와주는 아이, 걱정하는 아이, 완벽주의자, 규칙을 잘 지키는 아이, 재능 있는 아이, 슬픈 아이, 불평하는 아이 등).
- 아동 2: 어렸을 때 우리 가족 중에서 ________은/는 ________ 한 아이였다.

형제자매가 더 있다면 각 아동에 대해 문장을 계속 완성해 보세요.

외동인 경우에도 당신은 부모나 보호자와의 관계 속에서 함께할 수 있는 방법을 찾았을 것이다. 당신은 '착한 아이' '도움이 많이 필요한 아이' '예민한 아이' '조력자' 또는 기타 여러 가지 가능한 것을 선택했을 수 있다. 각 아동은 소속감을 느끼는 방법을 스스로 선택할 것이다.

다음의 질문에 대한 답을 생각해 보세요.

- 원가족에서 스스로 어떤 역할을 만들었나요?
- 나이 차가 가장 적게 나는 형제자매와 비교했을 때 당신은 얼마나 비슷하거나 다른가요?
- 각 자녀가 맡은 역할은 무엇인가요?
- 당신은 어른이 되어서도 여전히 그 역할을 맡고 있나요?
- 당신은 원가족의 어른들과 어떻게 닮았나요?
- 현재 당신의 가족은 원가족과 어떻게 비슷한가요?
- 당신의 가족은 원가족과 어떻게 다른가요?

가족에 대해 생각하면서 다음 질문을 해 보세요.

- 자녀가 부모 간 협력하는 모습을 목격하나요? 자녀가 협동하는

방법을 배우기를 원한다면 자녀가 협동하는 방법을 볼 수 있도록 부모가 먼저 모범을 보여야 해요. 부모가 서로 협력하지 않으면 자녀에게 협력을 가르치기 어려워요.

- 첫째 아이가 모범생이 되어 부모의 지도를 잘 따를까요? 이 아이가 막내와 연합하여 중간 아이를 압박할까요?
- 둘째 아이는 첫째 아이를 따라잡기 위해 경쟁을 하기로 결심할까요?
- 중간 아이는 첫째 아이와 가장 친한 친구가 되기를 바라나요, 아니면 막내의 놀이 친구가 되기를 바라나요?
- 막내가 매력적이고, 타인의 도움을 많이 받으며, 흥을 돋우는 아이, 창의적인 아이, 예술적인 아이가 될까요?
- 외동은 성숙한 아이, 좋은 학생, 놀이도 즐길 수 있는 아이일까요?

아동은 풍부한 상상력과 창의력을 통해 자신만의 성격을 만들어 가지만, 그 과정을 스스로 잘 인식하지는 못해요.

주관적

개인은 4~5세가 되면 자기, 타인, 삶에 대해 결론을 내리기 때문에, 이러한 결론은 객관적인 현실에서 형성되지 않는다. 각 사람은 관찰한 것에 대한 해석을 바탕으로 결론을 내린다. 상황에 대한 이해 부족으로 인해 일부 잘못된 해석을 내리기도 한다. 이러한 결론 중 일부는 어른이 되어서도 이어진다. 모든 사람에게 몇 가지의 사실이 주어지지만, 각 사람은 사실에 대해 의견을 발달시키고 그 사실이 정확한지 여부를 결정한다.

마음 들여다보기 질문

모든 사람은 자신만의 세계관을 창조적으로 구축해요. 당신은 같은 사건에 대해 다른 사람과 다른 관점을 가진 경험이 있나요? 어떤 사건에 대한 당신의 기억이 같이 있었던 사람의 기억과 다르다는 것을 알아차린 적이 있나요?

두 가지 경로
아동의 시선

어느 길로?

나는 소속하고 내 자리를 갖고 싶어요. 나는 존엄성과 가치를 원해요.
나는 의미와 능력을 원해요. 나는 약점을 극복하고 어려움을 이겨 내고 싶어요.

사회적 관심을 통한
건설적인 삶으로 ↙

자아도취ego tripping를 통해
방해가 되는 삶으로 ↘

나의 상황
(내가 보기에)
← →

나는 유능하다. 나의 자리가 있다. 나는 존중받는다. 나는 참여할 수 있다. 나는 격려받는다고 느낀다. 나는 부응할 수 있다.

왠지 모르게 열등감을 느끼고, 배제되고, 희생당하고, 밀려나고, 무시당하고, 낙담했다.

내가 하는 일
← →

나는 공헌할 수 있다. 나는 협력하는 것을 좋아한다. 나는 문제를 파악하고 해결할 수 있다. 나는 나아질 수 있다. 나는 도울 수 있고 배울 수 있다. 나는 실수해도 괜찮다.

나는 계획을 세우고 싸워야 한다. 나는 그들이 나를 지배하지 못하도록 조심해야 한다. 나는 정복하고, 복수하고, 나 자신을 보호해야 한다! 나는 실수하면 안 된다.

내가 생각하는 방식
자연적 결과
← →
인식한다. 무시한다.

나는 가끔 실수하지만, 실수를 통해 배울 수 있다.

나는 절대 실수하지 않는다. 운이 나쁠 뿐이다. 상황이 나에게 불리하다.

논리적 해결 ↙

보상 및 처벌 ↘

내 삶에서 중요한 사람들은 책임감 있고 일관성이 있다. 그들은 자신의 권리뿐만 아니라 타인의 권리도 고려한다. 그들은 계획을 공유하고 우리가 합의한 사항을 지킨다. 따라서 나도 그들을 존중하고 합의한 사항을 지킨다.

내가 그렇지 않을 때는 내가 해야 할 일과 그렇게 하는 것이 나의 책임이라는 것을 안다. 내가 미리 계획을 세웠고, 그 일을 결정하는 데 조력했기 때문에 나는 이것을 알고 있다.

내 인생에서 중요한 사람들은 항상 그들의 방식대로 일을 처리하기를 원하는 것 같다. 종종 나에게는 그들이 믿음직하지 않고 일관성이 없는 것처럼 보인다. 그들은 나를 난폭하게 다루거나 그렇지 않으면 나를 회유한다. 그들은 내 권리에는 전혀 관심이 없다.

그들은 모든 '결정권'을 원한다. 내가 그들이 요구하는 것을 한다면, 이는 그들에게서 무언가를 얻기 위한 것일 뿐이다. 나는 실제로 그들의 말을 경청하지 않고 조종만 한다. 상황을 개선하는 것은 나의 책임이 아니다.

격려

사람들은 내 강점을 알아본다.
그들은 나를 믿어 주고 나의 가치를 알아준다.

낙담

사람들은 내가 그들의 기준에 충족하면 나를 칭찬한다. 그렇지 않으면 나를 질책한다. 어느 쪽이든 그들은 나를 별로 생각하지 않는다.

그렇다!
그러면 어떻게 될까? ←

일관되고 논리적인 대우와 꾸준한 격려, 더 많은 존중을 받는다면 낙담에서 격려로 옮겨 갈 수도 있다.

출처: Family Education Center of Delaware © Betty Lou Bettner & Emily Thorn (1979).

제2장

핵심 욕구 4C

유대감Connect: 소속의 욕구

애정 욕구는 타고난 특성이다. 격려하는 사회를 원하고 그곳에 있기를 원한다면, 아동은 집단에 적응하는 방법과 어떤 역할을 할 수 있는지를 결정해야 한다. 아동은 끊임없이 적응하는 방법을 찾으려고 노력한다. 아동은 "나는 소속하고 싶어요. 그러기 위한 방법을 찾아야 해요. 사회의 요구에 적응하고, 다른 사람과 조화롭게 살아가려면 어떻게 해야 할까요?"라는 질문에 대한 답을 찾는다. 또한 집단에 적응하는 방법과 어떤 역할을 선택할 수 있는지에 대한 계획과 전략을 세워야 한다.

> 사회와 아동과의 관계가 아동 발달에 점점 더 영향을 주고 있다.
>
> — 알프레트 아들러

가족은 우리가 적응하는 방법에 대한 아이디어를 만들기 시작하는 곳이기 때문에 중요하다. 아동이 타인과 더 가까워지고 친밀감을 얻기 위해 선택하는 전략을 보면 그 아동의 목표를 알 수 있다. 울기, 미소 짓기, 팔 뻗기, 포옹하기 중 무엇이 효과적일까? 아동은 가족 구성원으로부터 애정에 대한 만족을 얻고자 하는 것처럼 교사로부터도, 나중에는 사회로부터도 애정을 얻고자 한다. 따라서 애정 욕구는 일상생활의 필수 요소가 된다. 애정은 모든 것에 스며든다. 아동이 친구를 사귀고, 나중에 파트너십을 형성하고, 배우자를 찾고, 직업을 구하는 데에도 애정이 필요하다.

애정의 원천이 모두 차단된 아동은 오직 자기 자신만을 욕망의 목표로 삼게 된다. 아동은 스스로 보호할 방법을 찾기 시작한다. 애정이 부족할 때 아동은 이 필수적인 욕구가 충족되지 않으므로 공격적으로 변할 수 있다.

문제 행동을 보이는 아이들은 애정이 없을 때 어떤 일이 일어나는지 우리에게 보여 준다. 이러한 애정 결핍은 비행으로 이어질 수 있다. 아동에게 필수적인 욕구가 박탈되면 아동은 타인과 환경에 쉽게 등을 돌린다.

어른들은 아동이 자신의 자리가 있고 자신이 소속되어 있다는 것을 깨닫도록 도와야 한다. 아동은 자리를 '획득earn'하거나 소속하고 있음을 '증명prove'할 필요가 없어야 한다. 아동은 신체적이고 심리적인 안전security을 위해 타인과의 유대감을 경험할 필요가 있다. 아동은 완전한 의존에서 독립으로 나아갈 때, 안전하고 사랑이 담긴 방식으로 보살핌을 받아야 한다. 아동은 사회에서 생존하고 성장하는 방법을 배우기 위해 타인의 도움이 필요하다.

> 소속감, 즉 사회적 관심은 아동의 정신 속에 깊이 뿌리를 내리며, 심각한 정신병리적 변화가 일어나지 않는 한 사라지지 않는다.
>
> — 알프레트 아들러

유대감은 다음을 통해 길러진다.

- 어른과 한 아동만을 위한 시간을 따로 정하기
- 신체적 애정, 포옹, 미소
- 격려하는 말 공유하기

유대감은 다음과 같은 말로 표현된다.

- "네가 우리 가족의 일원이라서 정말 기뻐."
- "너 없이 우리가 어떻게 살았을지 모르겠어."
- "우리가 함께 무언가를 할 때 정말 좋아."
- "나는 언제나 도와주는 사람이 있어 좋아."

마음 들여다보기 질문

당신이 어렸을 때, 당신과 유대를 맺고, 함께 있는 것을 즐거워했던 어른은 누구였나요? 그 어른들은 당신이 소속감을 느끼도록 어떤 도움을 주었나요? 지금은 누가 당신에게 그러한 유대감을 주나요? 어떻게 주나요?

유능감[Capable]: 향상, 학습, 성장의 욕구

아들러 이론은 모든 인간 활동의 이면에 있는 하나의 기본적인 역동적 힘, 즉 마이너스 상황에서 플러스 상황으로, 열등감에서 우월감, 완벽함, 완전성을 향해 노력하는 것을 설명한다. 걷는 법을 배우는 아기, 시험을 위해 장시간 공부하는 학생, 형을 따라잡기 위해 안간힘을 쓰는 둘째 아이, 보조 바퀴 없이 자전거 타는 법을 배우기로 결심한 6세 아이 등 인간의 많은 활동을 관찰하면서 우리는 이러한 힘이 작용하는 것을 볼 수 있다. 아동은 자전거가 흔들려서 자전거를 똑바로 세우려고 애쓰다가 결국 넘어지고 일어나기를 반복하며 자전거가 매끄럽게 잘 나아갈 때까지 계속 시도한다. 연구실에는 수백 시간을 들여 백신이나 생명을 구할 수 있는 약을 만드는 사람들이 있다. 사람들이 원하거나 필요로 하는 것을 추가하고 개선해 나가는 엔지니어와 디자이너도 있다.

> 불안전감과 열등감의 정도는 주로 아동의 해석에 따라 달라진다.
>
> — 알프레트 아들러

아동은 자연적인 열등감에 대해 어떻게 해야 할지 스스로 결정해야 한다. 아동은 어떤 결정을 내릴 것인가? 열등감에서 벗어나 성장하기 위한 지침으로 삼으려는 결정인가? 새로운 기술을 추가할 것이라는 결정인가? 학습할 기회를 찾고, 열등감과 부족함을 느끼는 감정에서 우월감, 성취감, 극복감으로 나아가는 기회를 찾을 것인가? 그 결정은 약하다는 느낌에서 강하다는 느낌으로 나아가는 것인가? 혹은 실패를 피하기 위한 쉬운 목표를 선택하거나 아니면 실패의 위험을 감수하고 다시 도전하기 위한 어려운 목표를 선택하는 것인가? 이는 각 아동이 선택하는 것이다. 열등감에서 출발해 더 나은 상태로 나아가려는 욕구와 힘은 끝이 없다.

> 열등감은 그 자체로 비정상적인 것이 아니다. 열등감은 인류의 지위를 향상시키는 모든 개선의 동기가 된다. 예를 들면, 과학 자체는 사람들이 자신의 무지와 미래를 예측해야 할 필요성을 느낄 때만 생겨난다. 이는 인간이 자신의 모든 상황을 개선하고, 우주에 대해 더 많이 알고, 우주를 더 잘 통제하려는 노력의 결과이다. 사실 인간의 모든 문화는 열등감에 기반을 두고 있는 것 같다.
>
> — 하인즈 안스바허[13]

아동을 관찰해 본 사람이라면 누구나 관계를 맺고, 배우고, 성장하려는 욕구가 선천적임을 알 것이다. 아동은 관계하는 방법을 발달시키면서, 다음 목표에 도달할 때까지 반복적으로 시도한다. 아동은 포기하지 않으며, 새로 개발한 기술을 증명할 때마다 기쁨을 표현한다. 아동은 생의 시작부터 아이에게 필요한 두 가지 중요한 욕구를 이해해 줄 어른이 필요하다. 하나는 자신과 유대감을 형성해 주는 것이고, 다른 하나는 의존에서 독립으로 나아갈 수 있도록 지도하고 가르쳐 주는 것이다.

> 어른이 아동에게 사랑과 존중을 보여 주는 가장 좋은 방법은 자립하도록 끊임없이 지도하고 격려하는 것이다.
>
> — 루돌프 드라이커스

> 인간이 된다는 것은 열등감을 느낀다는 것을 의미한다. 아동은 실제로 삶 앞에서 열등하며, 가까운 사람들의 충분한 사회적 관심 없이는 존재할 수 없다. 아동은 어른들의 환경에 노출되어 있으므로 스스로를 작고, 약하고, 부적절하고, 열등한 존재로 간주하기가 쉽다.
>
> — 알프레트 아들러[14]

소속감과 유대감을 느끼는 아동은 다른 사람에게 도움이 되는 방식으로 유능해지는 전략을 선택할 것이다. 고립이나 부적절함을 느끼는 아동은 부정적이거나 파괴적인 방식으로 유능해지려고 노력할 수 있다. 아동은 유능해지는 과정에서 자신의 성공 노력이 '가능하지만 너무 어려운 일'인지, 아니면 '어렵지만 해낼 수 있는 일'인지를 스스로 판단하게 된다.

유능감은 다음을 통해 길러진다.

- 생활 기술 훈련
- 기술을 연습하고 다른 사람들을 위해 변화를 일으키는 기회
- 선택하고 건설적인 힘을 갖는 기회

유능감은 다음과 같은 말로 표현된다.

- "그런 방법을 알고 있는 줄 몰랐어!"
- "어떻게 하는지 알려 줄 수 있니?"
- "예전에는 내가 대신해 줬는데, 이제는 스스로 할 줄 아는구나."
- "도와줄 수 있니?"

마음 들여다보기 질문

어렸을 때 배우고 싶거나 향상하고 싶었던 것이 있어서 성취할 수 있는 방법을 찾았던 기억이 있나요? 그게 무엇이었나요? 어떻게 했나요?

어렸을 때 스스로 일을 해내는 방법을 가르쳐 준 사람이 있나요? 지금 어떤 기술과 재능을 개발하고 있나요?

가치감Count: 중요성 찾기의 욕구

아동이 소속감을 느끼고 향상하려는 역동적인 힘을 실현하면, 중요한 사람이 되는 방법을 찾게 될 가능성이 커진다. 이렇게 되면 아동은 배운 기술을 활용하고 다른 사람과 가까이 지내며 도움을 주고 기여하고자 하는 마음이 자연스럽게 생길 것이다. 우리는 사회적 존재이며, 이를 위해서는 공감, 협력, 책임감이 필요하다. 아들러는 '돌봄caring'을 독일어 'Gemeinschaftsgefühl(공동체 의식)'로 설명한다.

이 단어는 함께함의 감정together-ships-feeling, 사회적 관심, 타인의 이익에 관심을 갖는 것으로 번역되고 정의된다. **우리가 삶의 모든 큰 문제를 주의 깊게 살펴보면, 사회적 관심만이 해결책을 제공한다는 것을 알 수 있다.**[15]

아들러는 사회적 관심을 정신건강의 핵심으로 보았다. "우리는 타인의 눈으로 보고 타인의 귀로 들을 수 있어야 한다."라며 사회적 관심의 일부로서 공감을 강조했다.[16]

소속감, 성취감, 중요성은 기본적인 욕구이기 때문에 모든 아동은 몇 가지 방법을 통해 이를 달성할 것이다. 그러나 이 세 가지 모두 갱단이나 테러 단체에 가입하거나 불법 약물을 사용하는 데서도 찾을 수 있다. 어떤 방식으로든 타인과 연결되고, 자신의 능력을 인정받으며, 그 집단 안에서 쓸모 있는 존재라고 느끼고, 또 유익하든 무익하든 용기를 북돋아 주는 이들과 함께할 수 있는 기회를 제공한다.

소속감을 경험하고, 배우고 성장하며 발전할 기회가 있는 아동은 이미 필요한 것을 갖추고 있으므로 또래 압력에 민감하거나 앞서 제시한 집단에 속할 가능성이 크지 않다. 이러한 아동에게 가정에서는 집안일을 통해 가족에 기여할 수 있는 방법을, 교실에서는 다른 사람을 도울 수 있는 기회를 제공해 주는 경우가 많다. 아동을 삶의 유용한 측면으로 끌어들이는 한 가지 요소는 바로 일상에서의 어른들의 격려이다. 어른들의 격려가 부족하면 아동은 잘못된 행동으로 이어지더라도 또래 집단에서 격려를 찾으려 할 수 있다. 어른들에게는 아동의 잘못된 행동이 비생산적인 것으로 해석될 수 있지만, 아동에게는 자기 존중감을 유지하기 위한 대처 전략인 경우가 많다.

아이를 키우기 시작할 때는 아이를 가족의 중심에 두고, 그들의 욕구나 바람을 충족시키기 위해 모든 것을 아이 위주로 꾸리고 싶은 유혹을 느끼기 쉽다. 효과적인 양육은 신중하게 한발 물러서는 것이다.

응석받아 주기는 아동이 유능할 기회, 자립할 기회, 타인에게 공헌할 기회를 박탈하는 것이다. 결국 타고난 사회적 관심을 발달시키지 못한다. 응석받이 아동은 인생의 문제를 해결하기에 이미 충분하

다고 느끼며 성장하지 못한다. 응석받이 아동은 사회적 관심을 키울 기회를 잃는다. 이런 아동은 자신이 중요하거나 가치 있다고 느낄 기회가 없을 수 있다. 응석받아 주기는 일종의 박탈이다.

드라이커스는 학대와 방임도 아동의 소속감을 방해하지만, 응석받아 주기도 마찬가지라고 지적했다. 응석받아 주기를 기대하게 된 아이는 응석을 받아 주지 않을 때마다 소외감을 느끼면서 소속감을 느끼지 못한다.

아동은 자신이 필요하고, 자신이 세상에 도움이 된다고 느끼는 기회를 얻어야 한다. 다른 사람과 유대감을 가지고 훈련과 학습을 통해 유능해지면, 공헌을 통해 중요성을 느낄 수 있다. 아동은 다른 사람에게 도움이 될 때 자기 존중감과 자신감을 키운다.

아동이 학교에 가야 하는 이유를 묻는다면, 어른은 "학교는 선생님이 너의 강점을 파악하고 점점 더 많은 강점을 개발하도록 도와주는 곳이야. 그리고 너의 강점과 기술을 세상으로 가지고 나가서 다른 사람을 돕는 방법을 알려 줄 거야."라고 대답할 준비가 되어 있어야 한다.

가치감은 다음을 통해 길러진다.

- 아동의 공헌을 알아차리기
- 아동이 만든 차이를 인식하고 감사와 고마움을 표현하기
- 다른 사람을 위해 도움이 되는 기회를 제공하기

가치감은 다음과 같은 말로 표현된다.

- "고마워."
- "가족을 정말 잘 도와주네. 벌써 반려동물들 먹이도 챙겨 주었구나."
- "이 문제를 해결하려면 어떻게 하면 좋을까?"

마음 들여다보기 질문

어렸을 때 당신이 중요하다고 느끼게 만든 일은 무엇인가요? 누가 집이나 학교에서 당신을 필요로 했나요? 당신이 제공한 시간이나 기술을 소중히 여긴 사람은 누구였나요? 지금은 언제 자신이 중요하다고 느끼나요? 당신은 누구에게 어떻게 필요하나요?

용기Courage: 격려의 욕구

격려는 소속감을 만들어 낸다. 이를 위해서는 사람들이 아동을 믿고, 아동에게 기술을 가르치고, 각 아동의 강점을 알아차리고 강조하며, 그러한 강점이 다른 사람을 돕기 위하여 어떻게 사용될 수 있는지 알려 주어야 한다.

인생은 도전으로 가득 차 있고, 실수는 피할 수 없다. 각 아동은 문제를 확인하고 해결책을 찾도록, 실수를 배움의 기회로 여기며 비난 대신 대안을 찾도록 격려받아야 한다. 용기는 아동이 인생에서 유용한 방향으로 행동하게 해 주는 하나의 자질이다.

타인에게 잘못 행동하거나 관심이 부족한 아동은 나쁜 아동이 아니다. 낙담한 아동, 소속감을 느끼지 못하는 아동일 뿐이다. 이 아동에게는 부족한 것을 찾아 용기를 북돋아 주는 어른이 필요하다.

아들러의 동료였던 드라이커스는 "격려가 자녀 양육의 다른 어떤 측면보다 더 중요하다. 격려의 부족이 잘못된 행동의 근본적인 원인으로 간주할 수 있을 정도로 매우 중요하다. 잘못된 행동을 하는 아동은 낙담한 아동이다. 식물에게 물이 필요한 것처럼 모든 아동에게 지속적인 격려가 필요하다."[17]라고 말했다.

격려하려면 아동의 행동과 인성을 분리해야 한다. **각각의 '실수'는 기술이 부족하다는 것을 의미할 뿐 그 사람의 가치에 어떤 식으로든 영향을 미치지 않는다는 점을 분명히 인식해야 한다.**[18] 어른들이 아동과 함께할 때 보이는 많은 행동이 아동으로 하여금 자기 자신을 믿는 데 도움이 되기는커녕, 오히려 낙담하게 만들곤 한다.

아동에게 용기를 심어 주는 방법을 찾는 것은 매우 중요하며, 이는 심리적 회복탄력성과 강한 사회적 유대를 형성하는 기초가 된다. 격려를 통해 이러한 회복탄력성이 강화되면 신경증을 예방할 수 있다.

우리의 교육 방법을 살펴보고, 자신에게 질문할 필요가 있다. '이 방법이 내 아이의 자기 개념self-concept에 어떤 영향을 주고 있는가? 나는 격려에 아이의 자기 존중감을 높이는 것을 포함하며, 아이의 성취에 대해 언급하는 것도 격려에 해당된다는 것을 이해하는가?' 아이가 행복해지기를 원한다면, 아이가 점점 자립해 가는 과정 속에서 내면으로부터 우러나오는 것이 행복이라고 정의해야 한다.

용기는 다음을 통해 길러진다.

- 노력에 감사하기
- 강점에 집중하기
- 얼마나 멀리 왔는지 말해 주기

용기는 다음과 같은 말들로 표현될 수 있다.

- "많이 나아졌네. 스스로 자랑스러워할 만한 부분이 참 많구나."
- "이건 어려운 문제구나. 그 문제를 더 작게 쪼개 보았니?"
- "그래서 실수했구나. 실수는 다른 것을 시도할 수 있는 기회란다."

- “실수 자체보다 그 실수를 통해 무엇을 배우는지가 더 중요하단 다. 아무것도 배우지 못했다면, 그것이 바로 진짜 실수란다.”

마음 들여다보기 질문

정말 용기가 필요했던 때를 떠올려 보세요. 누가 또는 무엇이 용기를 내도록 격려했나요? 오늘은 용기를 내기 위해 어떤 일을 해 보았나요?

결론적으로 아동이 유대감과 유능감을 느낄 때, 중요함을 지각할 때, 아동은 격려받고 아동의 창의성을 실현할 수 있는 용기를 갖는다.

필수적인 핵심 욕구 4C

아들러는 반드시 해결해야 할 세 가지 인생 과제로 사회적 과제(가족과 친구), 일 과제, 친밀감 과제를 제시했다. 이 세 가지 과제에는 모두 핵심 욕구 4C가 필요하다. 각 과제에서 성공한다는 것은 세 가지 모두에서 유대를 경험하고, 세 가지 모두에서 우리의 기술과 재능을 인정받는다고 느끼며, 세 가지 모두에서 자신이 필요하고 가치 있다는 것을 알고, 세 가지 모두에서 격려받는다고 느끼는 것을 의미한다.

아동이 인생에서 성공의 길로 나아가는 데 필요한 것은 유대감, 유능감, 가치감을 느끼고, 용기를 기르는 것이다. 이 네 가지는 아동이 다른 사람과의 따뜻한 유대감, 독립할 수 있다는 자신감, 타인에 관한 관심과 배려로 공헌할 수 있는 능력과 준비성을 갖추며 앞으로 나아가게 하는 토대가 된다. 핵심 욕구 4C는 안전과 행복을 제공하고 심리적 욕구를 충족시킨다. 인간은 타인을 필요로 한다. 인간은 독립적이고 자립할 수 있어야 한다. 자신이 하는 일과 공헌에 대해 필요와 가치를 인정받아야 한다. 또한 실수로부터 회복하고 문제에 대한 해결책을 찾을 수 있도록 회복탄력성이 있어야 한다.

아들러	핵심 욕구 4C	욕구
소속	유대감	타인
향상	유능감	독립
중요	가치감	필요한 존재
격려	용기	회복탄력성

아이들의 이러한 욕구를 우리가 인식하는 것은 매우 중요하다. 왜냐하면 아이는 반드시 어딘가에서 이 욕구를 충족시키려 하기 때문이다. 이것은 단지 좋은 생각만이 아니라, 실제로 반드시 충족되어야 하는 욕구이다. 부모, 교육자, 보육 종사자는 가정과 학교에서 아동의 욕구를 충족시킬 준비가 되어 있어야 한다. 이러한 욕구가 충족되지 않으면 아동은 다른 곳에서, 즉 또래 집단이나 그들에게 압력을 가하는 집단에서 찾으려 한다.

이러한 집단은 모든 핵심 욕구 4C를 제공할 수 있지만, 아동을 반사회적 목표로 이끌 수 있다. 이러한 집단의 리더는 집단의 일원이 되는 것의 중요성을 알고 있으며, 집단에 공헌하는 훈련과 방법을 제공한다. 이 집단이 제공하는 기술과 격려가 궁극적으로는 자기 파괴적인 방식으로 이어지지만, 일시적으로는 기본적인 욕구가 충족된 것처럼 느껴진다.

이러한 집단에 가입하고 싶은 유혹을 받는 아동은 핵심 욕구 4C를 경험한 적이 없거나 핵심 욕구 4C를 빼앗긴 아동이다. 당신이 관찰한 어떤 사람의 행동은 핵심 욕구 4C를 가지고 있거나, 핵심 욕구 4C를 달성하려고 노력하거나, 핵심 욕구 4C를 갖지 못한 결과일 것이다.

아동이 핵심 욕구 4C를 충족하면 자기, 타인, 삶을 건강한 방식으로 이해할 수 있고, 자신감과 자기 존중감을 키울 수 있다.

예를 들면, 다음과 같다.

핵심 욕구 4C	해석 및 지각
유대감	나는 소속되어 있고, 나는 좋은 자리에 있다.
유능감	나는 할 수 있다.
가치감	나는 변화를 만들 수 있다.
용기	나는 어떤 일이 닥쳐도 감당할 수 있다.

건강한 해석은 아동의 건강한 감정을 발달시킨다.

핵심 욕구 4C	감정
유대감	나는 안전하다고 느낀다.
유능감	나는 유능하다고 느낀다.
가치감	나는 가치 있고 필요한 존재라고 느낀다.
용기	나는 희망을 느낀다.

아동이 핵심 욕구 4C와 긍정적인 해석 및 감정을 갖게 되면, 다음과 같은 건강한 행동을 선택할 것이다.

핵심 욕구 4C	행동
유대감	나는 손을 내밀어 친구를 사귀고, 친구와 협력한다.
유능감	나는 자기 통제와 자기 훈육을 발달시킨다.
가치감	나는 공헌하고, 다른 사람을 돕는다.
용기	나는 기꺼이 시도한다.

핵심 욕구 4C의 또 다른 중요한 측면은 우리가 평생 품고 살아가는 '소속되고 싶어 하는 근본적 욕구'의 발달적 분화를 나타낸다는 점이다. 다시 말해, '연결되고자 하는 욕구' 혹은 '타인과 연결될 것이라는 타고난 기대감'은 태어날 때부터 분명하게 드러나고, '유능함을 느끼고자 하는 욕구'는 생후 첫 6개월 안에 나타나며, '가치 있고 의미 있는 존재로 느끼고자 하는 욕구'는 생후 2년 차, 즉 자아가 강렬하게(비록 양가적이긴 하지만) 의식되기 시작하는 시기, 소위 '미운 두 살' 시기에 본격적으로 드러난다.

— 카렌 존Karen John [19]

드라이커스의 잘못된 목표

드라이커스는 아들러의 동료였다. 그는 아동의 원치 않는 행동의 원인을 규명하고 분류하는 데 공헌했다. 그가 사용한 용어는 과도한 관심 끌기, 힘겨루기, 복수하기, 부적절함이었다.

그는 잘못된 행동은 핵심적인 심리적 욕구를 충족하지 못하는 것과 관련된 낙담의 증상이라고 지적했다. 심리적 욕구가 충족되지 않을 때 발달하는 감정은 고립감, 부적절감, 불필요감, 열등감일 가능성이 있다. 아동 관련 종사자들은 아동에게 이러한 감정을 일으키지 않는 방법을 훈련받아야 한다. 사회가 아동을 격려하지 않아서 치르는 대가는 너무 크다. 다른 사람들의 이익을 위해 개발되고 활용될 수 있는 재능을 놓치기 때문이다.

핵심 욕구 4C가 없는 감정

- **유대감 부재**: 아동은 안전감과 소속감 대신 고립감을 느낀다.
- **유능감 부재**: 아동은 유능감 대신 충분하지 않다고 느낀다.
- **가치감 부재**: 아동은 가치 있고 필요하다고 느끼는 대신 필요하지 않다고 느낀다.
- **용기 부재**: 아동은 희망을 느끼는 대신 열등감을 느낀다.

핵심 욕구 4C	핵심 욕구 4C가 있는 행동	핵심 욕구 4C가 없는 행동	잘못된 목표
유대감	나는 손을 내밀어 친구를 사귀고, 친구와 협력한다.	나는 부정적인 방식으로 주의를 끌려고 한다(예: 광대나 관심꾼 되기).	과도한 관심 끌기
유능감	나는 자기 통제, 자기 훈육을 발달시킨다.	나는 다른 사람을 통제하려고 하고, 반항한다.	힘겨루기
가치감	나는 공헌하고, 다른 사람을 돕는다.	나는 복수를 추구하고, 끊임없이 싸운다.	복수하기
용기	나는 기꺼이 시도한다.	나는 수동적이고, 절망적이며, 부적절하게 행동한다.	부적절함 드러내기

우리 모두는 핵심 욕구 4C 중 하나를 경험하지 못한 적이 있다는 사실을 생각해 보자.

아동의 경우

- 아동이 핵심 욕구 4C 중 하나를 경험하지 못할 때, 자신에 대해 어떤 믿음을 갖게 될까?
- 아동은 무엇을 생각하고 느끼고 있을까?
- 아동은 낙담에 대처하기 위해 어떤 행동을 선택할까?

낙담한 자녀를 둔 부모의 경우

- 육아로 인해 힘든 시기를 부모는 어떻게 인식하고 있을까?
- 부모는 무엇을 생각하고 느끼고 있을까?
- 어떤 해결책을 고려하고 있을까?

다음 표를 통해 이러한 질문에 대해 어느 정도 이해할 수 있다.

핵심 욕구 4C가 없는 아이

잘못된 행동의 네 가지 목표*	신념	생각	감정	어른의 대응에 대한 일반적 반응	해결책
과도한 관심 끌기	나는 항상 관심을 받을 때, 소속한다고 믿는다.	나는 결코 충분한 관심을 받지 않는다.	단절감	잠시 멈췄다가 다시 관심을 끌기 위한 행동을 재개한다.	유대감을 느끼는 것이 필요하다. 어른의 도우미가 될 수 있다.
힘겨루기	내가 보스가 되거나 지배받는 것을 거부할 때, 소속한다고 믿는다.	나는 끊임없이 압도당하고 있다.	부족감	멈추지 않는다. 단계적으로 확대한다. 어른이 화를 내면 아이가 이긴 것이다.	유능함을 느끼고 강점과 자족을 인식하는 것이 필요하다.
복수하기	내가 소속한다고 믿지 않는다. 아무도 나를 좋아하거나 필요로 하지 않는다.	나는 패배했다. 유대가 없다. 힘이 없다.	무가치감	어른들에게 상처받은 것을 정당화하기 위해 상처를 되돌려준다. 복수한다.	자신이 중요하다고 느끼고, 소중히 여겨지고 사랑받고, 필요로 하고, 공헌할 수 있어야 한다.
부적절함 드러내기	나는 소속할 수 있거나 적응할 방법을 찾을 수 있다고 믿지 않는다.	실패를 피하려면, 시도하기를 멈춰야 한다.	열등감	시도하지 않는다(시도하다 실패하여 멍청하다는 소리를 듣는 것보다는 게으르다는 소리를 듣는 것이 더 낫다).	용기가 필요하다. 작은 성공을 경험하고 향상과 결과를 알아차리는 것이 필요하다.

*드라이커스의 '잘못된 목표' 중에서 발췌

출처: Dreikurs, R. & Soltz, V. (1964). 『Children: The Challenge』, p. 57.

진단은 아이의 행동을 소속되고자 하는 시도로 해석하는 것이다.

보이는 행동이 문제가 아니다.
그것은 아이가 사용한 문제에 대한 **해결책**이다.
문제는 하나 이상의 **핵심 욕구 4C**가 없는 것이다.

핵심 욕구 4C가 없는 아이에 대한 어른들의 인식

잘못된 행동의 네 가지 목표*	신념	생각	감정	잘못된 행동에 대한 일반적 반응	해결책: 반응을 바꾸기
과도한 관심 끌기	육아는 쉽지 않다.	이 아이는 시간이 너무 많이 걸린다.	짜증	관심을 준다. 상기시킨다. 달랜다.	요구에 굴복하지 않는다. 아이에게 도움을 요청한다. 강점을 찾는다.
힘겨루기	아이들은 순종해야 한다. 부모가 책임져야 한다.	이 아이는 (아버지, 어머니)와 똑같다.	분노 패배	싸움에 말려들고 주도권 다툼을 한다.	싸움을 거부한다. 화를 내지 않고 해결책을 논의한다. 강점을 찾는다.
복수하기	아이가 잘못 행동하면 벌을 받아야 한다.	이 아이는 다루기가 불가능하다.	상처받음 화남	끊임없이 싸운다. 상처를 되돌려준다. 처벌한다.	처벌하기를 멈춘다. 아이에게 상처를 준 것을 사과한다. 시험받을 것을 예상한다. 강점을 찾는다.
부적절함 드러내기	어쩌면 이 아이는 학습 장애를 가지고 있을 수 있다.	이 아이에게 필요한 것은 무엇이든 내 능력 밖에 있다.	무력감	모든 것을 시도한다. 아무 노력도 하지 않는다. 포기한다.	포기하지 않는다. 전문가의 조언을 듣는다. 강점을 찾는다.

드라이커스가 1964년에 『도전하는 아이들Children: The Challenge』을 저술한 후, 많은 아들러 학파는 그의 잘못된 행동의 네 가지 목표를 기술하는 도표를 개발했다. 낸시 피어시Nancy Pearcy, 에밀리 손Emily Thorn, 에디스 듀이Edith Dewey, 펄 캐슬Pearl Cassel, 에바 드라이커스 퍼거슨Eve Dreikurs Ferguson, 돈 딩크마이어Don Dinkmeyer, 게리 맥케이Gary McKay, 린다 제섭Linda Jessup, 에모리 루스 볼드윈Emory Luce Baldwin, 린다 앨버트Linda Albert, 존 플랫John Platt, 마이클 팝킨Michael Popkin 등은 도표에 몇 가지 아이디어를 추가했다. 베티 루 베트너Betty Lou Bettner와 에이미 루Amy Lew는 '핵심 욕구 4C'를 추가했고 이를 드라이커스의 '잘못된 행동 목표'와 연결했다.

제3장

핵심 욕구 4C 달성에 필요한 기술

유대감: 의사소통

건강한 방식으로 살아가는 데 기여하는 첫 번째 핵심 기술은 의사소통이다. 의사소통의 목적은 서로 연결되고 상대를 이해하기 위한 통로를 찾는 데 있다. 우리가 의사소통을 위해 하는 많은 행동은 몸짓, 말투, 말의 속도와 음량 등을 통해 이루어진다. 우리는 의사소통을 주로 말하기라고 생각할 수 있지만, 듣기도 그에 못지않게 중요하다. 우리는 아동에게 말을 많이 하는 경향이 있지만, 듣기도 가르쳐야 한다. 읽기에 어려움을 겪는 아동은 때때로 듣기를 배우지 못한 아동일 수 있다. 읽기장애가 아니라 듣기장애일 수도 있다는 것이다. 아동이 많은 말을 듣는다고 해서 듣는 법을 배우는 것은 아니다. 아동은 경청을 통해 듣는 법을 배우게 된다.

두 가지 유형의 질문

어른들은 아동의 말을 경청하고 그들의 삶에서 일어난 일에 대한 느낌과 생각을 물어봄으로써 경청의 모범을 보여 준다. 우리는 아동에게 상황에 대응하기 위해 무엇을 했는지 물어본다. 아동이 자기 자신과 경험, 좋아하는 사람과 싫어하는 사람, 그리고 그 이유에 관해 이야기하게 한다.

질문에는 두 가지 유형이 있는데, 정보 요청과 심문이다. 심문 질문은 비판의 형식이므로 어른들은 질문할 때 주의해야 한다. 예시는 다음과 같다.

정보 요청

- "파티를 위한 여분의 간식을 준비했니?"

심문

- "좋아하는 간식을 항상 잊지 않고 챙기는 이유는 무엇일까?"
- "이 매운 간식이 모두의 입맛을 돋우는 것 같니?"
- "소금이나 콜레스테롤이 많이 들어 있지 않은 간식을 샀을까?"

친절함과 단호함

말은 의사소통과 격려의 도구가 될 수도 있지만, 처벌하고 거부하며 비하하고 평가 절하하는 무기가 될 수도 있다는 메시지를 아동과 나눌 수 있다. 어른들은 이 메시지를 단호하게 전달하면서 아동에게 친절하게 대하도록 교육시킬 수 있다. 친절은 아동을 존중하는 것이고, 단호함은 책임 있는 부모가 되는 것이다.

다음은 횡단보도 안전에 대한 메시지를 친절하고 단호하게 전달하는 예시이다.

친절함

- "얘야, 네가 길 건너편의 친구와 놀고 싶어 하는 건 알겠는데 계속 건너편으로 뛰어가는 건 위험해. 그러지 않았으면 좋겠어."

단호함

- "너 혼자서 길을 건너면 안 돼. 또 그렇게 하면 친구와 더 이상 같이 놀지 못할 거야."

친절하고 단호하게

- "네가 길 건너편에 사는 친구와 노는 것을 정말 좋아한다는 것을 알고 있어. 함께 놀면 정말 재미있지. 하지만 우리가 함께 가지 않는 이상, 너 혼자 친구 집에 가는 건 허락할 수 없단다. 왜냐하면 길을 건널 때 안전한지 확인할 사람이 필요하거든. 차들이 항상 우리를 보는 건 아니기 때문에, 양쪽을 잘 살피면서 키가 큰 사람 손을 꼭 잡고 걷는 훈련이 충분히 되어 있지 않다면 혼자 건너는 건 안전하지 않아. 이건 너의 안전을 위한 정말 중요한 규칙이야."

여기서 어른은 아동과 함께 훈련하고 실습하는 기회를 갖는다. 어른은 안전을 위한 단계를 관리하기 쉬운 부분으로 나누어 각각을 연습할 수 있다. 아동이 어른의 손을 잡거나 큰 깃발을 들고 건너도록 하여 차가 지나갈 때 아동이 잘 보이도록 할 수 있다. 정해진 규칙이 있다는 것을 명확히 하고, 친절하고 단호한 방식으로 알려 주는 것이 중요하다. 안전을 위해 만들어진 규칙은 타협할 수 없다.

마음 들여다보기 질문

의사소통은 내가 실제로 말하는 것보다 경청하는 것이 더 중요할 수 있다는 점을 생각해 보세요. 최근에 있었던 어려운 일을 떠올리며 다시 할 수 있다면 어떻게 더 경청하거나 친절하고 단호한 태도를 적용할 수 있을지 생각해 보세요.

유능감: 자기 훈육

두 번째 기술은 유능감으로 이끄는 기술, 즉 자기 훈육self-discipline 기술이다. 이 기술은 즉각적인 만족 대신 자기 통제를 수반한다. 아동은 배우고 나아지기를 원하며, 자기 훈육은 아동이 목표를 세우고 그 목표를 방해하는 감정이나 행동을 스스로 조절하도록 도와준다. 이는 아동이 게임을 하기 전에 숙제를 끝내거나, 향후 사고 싶어 하는 것을 구매할 수 있도록 목표 금액까지 저축할 수 있다. 아동의 생

각과 감정은 그들이 선택하는 방향과 일치하도록 선택된다.

자기 훈육하는 아동은 자신이 충분히 똑똑하지 않거나, 운이 나쁘거나, 일이 너무 힘들다고 말하지 않는다. 그들은 자신이 설정한 목표에 도달하기 위해 기울인 노력이 자신이 원하는 곳으로 도달할 수 있는 원동력이라는 것을 깨닫는다. 목표를 달성하려면 인내와 실행, 집중력이 필요하므로 유능하게 되기 위해서는 자기 훈육이 필요하다.

자기 훈육을 기를 기회를 제공하는 한 가지 방법은 돈을 다루는 것이다. 가족 구성원 모두가 집안일을 함으로써 서로 기여해야 한다. 아동에게 규칙적인 집안일에 대한 돈을 주어서는 안 된다. 어른들은 직업을 갖고 돈을 벌기 때문에 돈에 약간의 권한이 따른다는 것을 알고 있다. 이러한 권한은 부모의 예산안에서 아이의 나이에 맞춰 용돈을 주는 방식으로 아이와 나눌 수 있다. 보통은 6세 무렵부터 시작하는 것이 좋다.

용돈은 아동이 돈을 어떻게 배우고 사용하는지 관찰할 수 있는 방법이다. 어떤 아동은 용돈을 받은 날 바로 써 버릴 수 있다. 다른 아동은 용돈을 저축하고 전혀 쓰지 않을 수도 있다. 또 다른 아동은 한 번에 조금씩 써서 일주일 동안 쓸 수도 있다. 부모가 유해하다고 보는 특정 품목에 대한 제한을 제외하고는 아동이 선택할 수 있다. 아동이 용돈을 초과한 물건이나 영화 또는 무언가를 원한다면, 부모는 일상적인 집안일이 아닌 일반적으로 돈을 받고 하는 일(창문 닦기, 세차, 잔디 관리 등)을 제안할 수 있다. 아동이 그 일을 하는 데 동의하면 부모는 이제 '고용주'가 된다. 사전에 해야 할 일과 그에 따른 대가를 합의하고, 일을 만족스럽게 끝냈는지 점검한 후 돈을 준다는 것을 의미한다.

가족이 맛있는 음식을 먹거나 점심 외식을 하기로 한 경우, 부모가 비용을 낸다. 가족을 위한 쿠키나 과자를 산다면, 부모가 비용을 낸다. 자녀가 개인적인 용도로 추가 물품을 사달라고 요청하면, 부모는 "네 용돈을 가지고 있니?"라고 대답한다. 자녀가 용돈을 가지고 있다면 용돈을 사용하여 구매할 수 있다. 자녀가 집에 용돈이 있어서 부모에게 빌려줄 수 있는지 묻는다면, "아니."라고 대답한다. 애초에 용돈을 주는 목표에 어긋나므로 용돈을 선지급하거나 빌려주지 않는다. 부모가 자녀에게 돈을 줄 때와 거절할 때만 결정한다면, 자녀는 돈을 다루는 방법을 배우지 못할 것이다.

마음 들여다보기 질문

돈 관리를 배우면서 저지른 실수는 무엇인가요? 어떻게 극복했나요?

가치감: 책임 맡기

세 번째 기술은 책임 맡기이다. 아들러는 인간의 가치감 욕구를 정의할 때, 사회적 관심과 타인에 대한 배려의 중요성을 강조했다. 이는 아동을 자기 중심적인 삶의 단계에서 타인 중심적인 삶의 단계로 옮겨 놓는 것을 의미했다. 아들러는 의미 있는 존재가 되려는 노력과 사회적 관심 사이의 연결점을 다음과 같이 설명했다. “모든 인간은 의미 있는 존재가 되기를 갈망하는데, 그 의미가 타인의 삶에 기여하는 데 있어야 한다는 것을 보지 못하면 언제나 잘못된 길로 가게 된다.”[20]

아동이 인생에서 가치감을 찾도록 지도하는 것은 다른 사람에게 도움이 되고, 직업을 통해 공헌하며, 다른 사람을 배려하고, 책임을 갖도록 선택하는 것이다. 책임 있는 사람은 언제나 요청받거나 무언가를 하라는 지시를 기다리지 않는다. 그들은 해야 할 일이 무엇인지 파악하고 실행에 옮긴다. 그들은 변명하거나 남을 탓하지 않는다. 자신의 행동에 대해 전적으로 책임을 진다. 스스로 생각하고, 듣거나 읽은 내용에 대해 의문을 제기한다. 자신이 한 일이 누군가에게 도움이 되었다는 사실을 알게 되면 기분이 좋아진다.

어른은 가정이나 학급의 모든 사람이 동등한 집단의 구성원으로서 소속감을 느끼고 공헌할 수 있도록 역할을 맡겨 책임감을 길러야 한다는 필요성에 동의할 수 있다. 부모는 또한 자녀를 위해 자동으

로 하는 일에 주의를 기울이고 자녀가 그 책임을 맡을 준비가 되어 있는지 판단할 수 있다.

일부 가정에서는 여전히 부모가 매일 아침 자녀를 깨워 등교시키는 책임을 진다. 심지어 자녀가 숙면하기 때문에 알람 시계를 들을 수 없다고 믿기까지 한다. 그 아동은 다른 사람이 기상 시간을 책임진다고 알고 있다. 또 다른 가정에서는 부모가 유치원이나 초등학교 1학년 입학 준비의 일환으로 자녀를 가게에 데려가 알람 시계를 직접 고르게 한다. 부모는 시계의 사용법과 알람 설정 방법을 알려 준 다음, 아이에게 시계를 넘겨준다. 이것이 **논리적 시작**logical start이다. 어떤 어머니는 아이에게 알람이 울리면 자신을 깨워 달라고 부탁함으로써 추가적인 책임을 부여했다.

아동이 책임감 있게 행동하는 모습을 보면
꼭 고맙다고 말하라.

마음 들여다보기 질문

가족 중 누가 집안일이 잘 진행되도록 책임지고 있나요? 모든 권리에는 책임이 따른다는 것을 모두가 알고 있나요? 더 많은 책임을 맡을 준비가 되어 있거나 기꺼이 맡은 사람이 있나요? 어른이 아동을 위해 하는 일 중 아동이 지금 할 수 있는 일이 있나요?

용기: 올바른 판단력

네 번째 기술은 올바른 판단력이다. 아들러와 드라이커스는 격려가 아동과 함께 작업하는 모든 관계에서 필수적이라는 점에 동의했다. 그러나 무엇을 용기로 간주하는 지에 대해서는 종종 혼란이 있다. 위험한 행동을 선택하는 것과 용기 있는 행동은 다르다. 때로는 행동이 위험을 수반하기도 하지만, 그 목적이 누군가를 구하거나 보호하는 데 있을 수 있다. 예를 들어, 소방관과 경찰의 업무나 군인의 복무처럼 위험한 상황에서도 임무를 수행하지만, 이들은 그러한 위험을 줄이기 위한 훈련을 받는다. 다른 경우에는 누군가에게 깊은 인상을 주거나 우월한 존재로 보이기 위해 위험한 행동을 선택하기도 한다. 운동선수, 산악인, 서커스 공연자 등이 그 예인데, 이러한 선택은 철저한 훈련과 결합되어 있다. 여기에는 올바른 판단력이 필요하다.

개인의 목표를 고려할 때, 올바른 판단력이 필요하다. 그 목표가 다른 사람을 돕기, 다른 사람을 보호하기, 다른 사람을 치료하기, 다른 사람을 즐겁게 하기인가, 아니면 기술을 습득하기인가?

용기를 현명하게 사용하려면 올바른 판단력이 필요하다. 모든 삶에는 용기가 필요하다. 결정을 내릴 때 올바른 판단력을 사용하는 것은 앞으로 나아가야 할 때와 멈춰야 할 때를 아는 것을 의미한다.

어느 부모는 10대 아들에게 친구를 대신 선택해 줄 수 없고, 그럴 생각도 없다고 말했다. 그러면서 친구에 대한 자신의 생각과 좋은 판단력에 대해서도 함께 이야기했다. "네 친구가 법을 어기거나 무례하다고 생각되는 일을 계획하는 것을 본다면 즉각적인 두 가지 선택지가 있는데, 친구가 그 계획을 진행하지 못하도록 설득하거나 친구와 멀어지는 거야. 친구가 그러한 일을 실행하는 동안 함께 있으면, 잘못된 판단을 하는 거란다."

어떤 엄마와 딸의 대화에서 엄마는 딸에게 왜 친구들과 더 많은 시간을 보내지 않는지 물었다. 딸은 외식하러 가거나 영화를 보러 갈 때는 친구들과 어울린다고 말했다. 하지만 친구들이 담배를 피우거나 술을 마시는 경우라면, 그런 행동은 같이 하고 싶지 않다고 말했다. 딸은 걱정하는 엄마에게 자신이 관심 없는 일을 하는 친구가 있을 수 있지만, 그것이 친구를 포기해야 한다는 의미는 아니라고 잘 설명했다. 현명한 딸의 설명에 엄마는 행복하다.

올바른 판단력이란 어떤 행동이 안전하고 적절한지, 합법적인지, 도덕적인지, 윤리적인지 판단하는 것을 의미한다. 그것은 혼자 행동할 때와 다른 사람과 함께 행동할 때, 구성원으로서 행동할 때와 지도자로서 행동할 때, 앞으로 나아갈 때와 멈춰야 할 때를 아는 것을 의미한다.

제4장

부모 교육의 기초
핵심 욕구 4C 적용하기

유대감: 관계 맺기와 유지하기

> "나의 자리가 있고
> 내가 소속되어 있다는 믿음이 필요하다."

당신이 어렸을 때 부모님은 어떤 분이셨고, 부모님과의 관계는 어떠했는가? 부모님과의 관계에서 어떤 점이 좋았는가? 자녀와 당신의 관계는 이와 비슷한가, 다른가? 자녀들이 당신과의 관계를 어떻게 묘사하길 바라는가? 그런 결과를 얻으려면 어떻게 해야 하는가?

아들러 이론의 핵심은 우리가 사회적 존재이며, 타인에 대한 욕구, 소속감의 욕구가 있다는 것이다. 이를 핵심으로 삼아 아동과 하는 모든 일이 핵심 욕구 4C를 제공하고, 소속의 목표를 방해하는 행동은 자제하는 것임을 알아야 한다. 아동이 소속되고 연결되어 있

다고 느끼기 위해서는 어른과의 건강한 관계를 필요로 한다.

관계란 유대감과 소속감을 느끼는 것이다. 건강한 관계란 어떤 모습일까? 건강한 관계에서 경험하고 싶은 것은 무엇인가? 대화와 경청, 존중과 공감을 주고받기, 신뢰와 정직이 있다는 것을 알기, 그리고 바라건대, 이해를 통해 타인을 있는 그대로 수용하는 것을 경험하고 주고받기 등이다.

관계 구축하기

부모와 교사로서의 책임을 포기하지 않으면서 아동과 건강한 관계를 어떻게 발달시킬 수 있을까?

재미

놀이를 통해 유대감을 격려하라. 온 가족이 함께할 수 있는 활동을 찾아보자. 함께 즐거운 시간을 보내라. 즉, 함께 노래 배우고 부르기, 독서 또는 이야기 들려주기, 산책 또는 자전거 타기, 협동 게임하기, 운동하기, 메뉴 계획하기, 요리하기, 야구 경기 또는 연극 관람하기 등을 하면서 말이다. 아동은 가족 안에서 좋은 시간을 보낸 기억을 가져야 한다.

가족에게 다음과 같은 제안을 요청하라. "오늘 저녁에 즐거운 시간을 갖자. 좋은 생각 있는 사람?" 모든 제안을 나열하고 모두가 한 가지에 동의할 수 있는지 확인한다. 투표하지 않고 합의가 이루어져야 한다. "합의가 안 되면, 내일 다시 해 보자."라고 말한다.

돕기

집안일을 통해 유대감을 격려하라. 예를 들어, 식사 후 청소하기, 세탁할 옷 모으기, 마트에 식료품을 사러 가고 집으로 함께 옮기고 정리하는 것을 돕기, 마당 일하기 등을 함께하는 것도 좋다.

"식료품이 좀 필요해. 목록을 작성해 줄 사람?" 아무도 자원하지 않으면 부모가 목록을 작성한다. "우리에게 필요한 물건이 생각나는 사람?" "누구든지 마트에서 갖고 싶은 것이나 우리에게 없는 것을 말해 줘." "나와 함께 마트에 가고 싶은 사람?" 아무도 자원하지 않는다면, 부모가 가거나 하루 더 기다렸다가 다시 물어볼 수 있다. 식료품이 집에 도착하면 "식료품을 정리하는 것을 도와줄 사람?" 누군가 도와주면, 감사하다는 말을 잊지 말라. "정말 도움이 되었어. 도와주는 사람이 있어서 좋아."

아무도 자원하지 않는다고 해서 불평하지 말라. 비판은 협력을 끌어내지 못한다.

대화

매일 아동과 대화를 나누며 친구, 꿈, 학교 프로젝트, 선생님에 대해 들어 보자. 잘못을 찾거나 원치 않는 조언을 하기 위해서가 아니라 정보를 얻기 위해 질문하자. 판단하기 위해서가 아니라 무언가를 배우고 아동을 이해하기 위해 질문하자. 대화하는 동안, 경청하는 법을 배우기 위하여 대부분 아동이 말을 해야 한다.

부모는 질문하는 대신에 다음과 같이 말할 수 있다.

- "최근에 네 친구를 못 봤어."
- "삼촌이 오늘 전화해서 이번 주에 올지도 모른다고 했어."
- "일기 예보를 들으니 내일 매우 추울 거라고 하네."
- "이번 주에 할아버지한테서 연락을 못 받았어. 할아버지께 전화를 드려야겠구나."

아이들과 대화할 때 "안 돼."라고 말하는 대신 사용할 수 있는 다른 표현을 찾아보자. 어떤 가정에서는 "안 돼."가 아이가 가장 먼저 배우는 말 중 하나이기도 하니, 그 말을 좀 더 적게 사용해 보자.

다음은 전형적인 "안 돼."를 "그래."로 바꾸는 몇 가지 예이다.

아이: 쿠키 먹어도 돼요?

부모: 그래, 점심 먹은 후에.

아이: 밖에 나가도 돼요?

부모: 그래, 지금 가지고 노는 장난감을 치우는 대로.

아이: 텔레비전을 켜도 돼요?

부모: 그래, 집안일을 마치는 대로.

아이: 오늘 밤 아빠와 경기를 시청하면서 더 늦게까지 깨어 있어도 돼요?

부모: 내일 학교에 가야 하니까 주말에 같이 볼 수 있어.

사려 깊은 반응

아이에게 어떻게 반응하는지 주의를 기울이라. 주의하지 않는 대화는 자칫하면 아이를 존중하지 않는 방향으로 흐르기 쉽다.

어른이 아동에게 말할 때 아동은 비난받거나 실수했다고 느끼는가? 어른이 아동에게 전달하려는 것은 긍정적인 의도였지만 아동이 그것을 어른의 실망으로 듣는가?

예를 들면, 부모가 다음과 같이 말할 수 있다. "네가 지금 받은 성적보다 훨씬 더 높은 과학 성적을 받을 수 있다고 생각해."

부모는 자녀에 대한 신뢰를 표현하는 것으로 생각하지만, 자녀는 부모가 "넌 충분히 훌륭하지 않아."라고 말하는 것으로 받아들일 수 있다. 성적은 부모가 아닌 자녀의 것이다. 자녀가 그 성적에 대해 어떻게 느끼는지 들어 보는 것이 중요하다. 대신 부모는 "네가 받은 과학 성적에 대해 어떻게 생각하니?"라고 물어볼 수 있다. 그러면 아이는 "성적이 더 낮을까 봐 걱정했는데 안심이 돼요."라고 대답할 수 있다.

다음과 같은 대화가 이어질 수 있다.

부모: 어떤 점에서 성적이 더 낮을까 봐 걱정되었니?

자녀: 숙제를 항상 이해하지 못했기 때문에요.

부모: 이해가 안 될 때는 보통 어떻게 하니?

아이: 그냥 다음 과제를 계속하면서 이해되겠지 하고 바라요.

부모: 음, 그렇구나. 그 외 다른 방법은 없을까?

아이: 선생님께 여쭈어 볼 수도 있지만, 선생님은 항상 바쁘시고, 제가 이해하지 못했다는 것을 보여 주기 위해 계속 손들고 싶지는 않아요.

부모: 나도 학교 다닐 때 그런 식으로 느꼈던 기억이 있어서 그 마음을 잘 알아. 이런 방법은 어떨까? 과외를 받는 게 낫지 않을까? 네 사촌은 과학을 좋아했고 너와 같이 공부하고 싶을 거야.

아이: 그럴지도 모르죠. 생각해 볼게요.

부모: 그래, 최악의 예상이 현실이 되지 않아서 다행이고 생각보다 잘해서 다행이야. 그리고 더 좋은 성적을 받기 위해 더 많이 공부했을 거라고 생각해.

여기서 부모는 아동에게 무엇인가 할 것에 관한 제안을 받아들이도록 강요하지 않으며, 성적이 낮다고 해서 처벌로 아이로부터 무언가를 빼앗지 않는다.

어른이 아이와 의사소통할 때는 언제나 소속감을 느낄 수 있는 방식으로 유대감을 형성한다는 목표를 가지고 수행해야 한다. 아동은 소속과 자리를 원하며, 약점과 어려움을 극복하고 싶어 한다는 점을 기억하라.

분노

어른이 아동과 대화할 때, 얼마나 자주 분노를 사용하는가? 때때로 어른은 아동에게 "네가 그렇게 하는 것은 나를 너무 화나게 해!"라고 말할 것이다. 이 말은 행동이 무언가 또는 누군가에 의해 유발된다는 믿음을 드러낸다. 행동은 선택된 것이고, 감정도 선택된 것이다. 분노의 목적은 무엇인가? 통제, 위협, 겁주기, 처벌, 패배, 승리, 보스 되기를 요구하거나 실망감을 표현하기 위한 것일까? 그렇다. 분노는 상대를 깎아내리면서 개인의 자기 존중감을 높이는 데 사용될 수 있다.

화를 내는 것이 문제 해결에 효과적인 경우는 거의 없다. 사실 분노가 시작되면 문제 해결은 대체로 끝난다. 분노는 어른이 원하는 것을 얻지 못하고 있다는 것을 나타내는 것이다. 아이의 행동에 어른이 화가 나기 시작했다면, 그 순간엔 말을 멈추고 대화를 나중으로 미루는 게 좋다.

아들러는 "분노는 반드시 목적을 가지고 있으며, 그 목적은 자기만족을 위한 것일 수 있다."라고 말했다. 분노는 종종 메시지를 방해한다. 분노는 이차적인 정서이다. 분노가 일어나기 전에는 항상 다른 감정이 있다. 두려움, 실망, 걱정, 염려, 배신 또는 다른 감정일 수 있다. 어른은 두려움을 느낀 후 상황을 통제하기 위해 분노라는 이차적인 정서를 사용할 수 있다.

예를 들면, 10대 자녀가 밤 11시에 집에 오기로 약속하고 차를 타고 외출했는데 밤 12시 30분이 되어도 오지 않아 부모가 매우 걱정하고 있다. 감정은 새로운 정보가 주어지는 즉시 바뀔 수 있다. 아들이 집에 도착하여 부모가 아들의 안전에 대한 걱정을 멈추면, 부모는 곧바로 분노한다. 분노가 지속되면, 지금은 대화할 때가 아니다. 부모는 아들에게 매우 걱정했으며, 지금은 화가 난 상태이니 일단은 자고 내일 아침에 이 문제를 이야기하고 싶다고 말할 수 있다. 아들은 부모가 화났다는 것을 느낄 수 있지만, 이후의 대화로 부모가 느낀 두려움에 대해 설명해 줄 수 있고, 이를 통해 자신의 행동이 다른 사람에게 어떤 영향을 주었는지 이해하게 될 수 있다.

안전장치

부모와 아들이 자동차의 사용과 제한에 대해 합의했다면, 결과도 이미 논의되었을 것이다. 그 논의 중 하나의 가능성은 안전장치fail-safe에 대한 논의이다. 안전장치란 합의가 지켜지지 않을 경우, 자동으로 대응하는 것을 의미한다. 부모는 "네가 약속한 시간에 집에 오지 않았거나 자동차에 기름이 없다면 우리는 어떻게 해야 하니?"라고 물었을 것이다. 안전장치는 부모와 아들이 모두 만족한 해결책이 나올 때까지 논의된다. 몇 가지 가능성이 있다. 예를 들면, 일주일 동안 차를 사용할 수 없거나, 비정상적인 상황(친구의 차가 시동이 걸리지 않아 그 애를 집에 데려다줘야 하는 등)이 발생하면 아들이 집에 전화를 걸어 시간이 더 필요하다고 설명하거나, 아들의 용돈으로 주유비를 지급하거나, 부모와 아들이 서로에게 공정하고 합리적이며 해당 행동과 관련이 있는 모든 방법을 고려할 수 있다. 처벌로 인식되는 해결책은 어떤 것도 받아들이지 않는다. 훈련의 목표는 처벌이 아니라 해결책을 찾는 것이다.

아리스토텔레스Aristotle는 "누구나 화를 낼 수 있다. 그것은 쉬운 일이다. 그러나 적절한 사람에게, 적절한 정도로, 적절한 시간에, 적절한 목적을 위해, 그리고 적절한 방식으로 화를 내는 것은 쉬운 일이 아니다."라고 말했다.

책임이 따르는 자유

부모는 자녀에게 나이가 들면 더 많은 자유가 주어지지만, 그 자유에는 항상 책임이 따른다는 점을 설명해야 한다. 책임이 제대로 다뤄지지 않으면 자유도 재정의되어야 한다. 자유에는 책임이 따른다는 논의를 하지 않은 채 아동에게 더 많은 자유를 주는 것은 좋은 생각이 아니다. 이것은 **논리적 시작**이다. 부모는 때때로 자녀가 책임을 감당할 준비가 되거나 의지가 생기기도 전에 자녀에게 권리를 부여하기도 한다.

핵심 욕구 4C로 양육하기

효과적인 양육은 조심스럽게 물러서는 것이다.

한도 내에서 책임 있는 자유	2~3세 **아침 식사**	5~6세 **착용할 옷**	8~9세 **과외 활동**	13세 **취침 시간 선택**	16~18세 **운전 면허증**
	• 계란 또는 시리얼	• 학교용 • 놀이용 • 정장용	• 예산 범위 내에서의 활동 • 활동이 숙제하는 시간을 방해하지 않기	• 학교에 가기 위해 스스로 일어나기 • 적절한 시간에 잠자리에 들기	• 귀가 시간 지키기 • 제한 속도 준수하기 • 술이나 약물 금지하기 • 차량 연료 채우기

© 2002 Betty Lou Bettner

말과 행동의 힘

어른의 말이나 행동이 아이를 있는 그대로 받아들이고, 사랑하고, 존중하며, 아이가 사회에 적응해 나가는 과정을 배우고 있다는 사실을 이해하고 있다는 메시지를 전하고 있는가? 어른은 아이가 유대감을 느끼고 있다는 증거를 보고 있는가? 아이는 다른 사람에게 다가가고, 친구를 사귀며, 협력의 중요성을 경험하고 있는가?

아이가 대답해야 하는 질문

- 자리를 찾고, 적응하고, 소속감을 느끼려면 어떻게 해야 할까요?

부모가 대답해야 하는 질문

- 나는 자녀에게 개별적으로 이야기하고 감정을 공유하는 시간을 주고 있나요?
- 나는 사랑과 이해의 메시지를 분명하게 전달하는 방식으로 반응하고 있나요?
- 자녀에게 무엇인가를 요구할 때, 이는 합리적인 요구인가요, 아니면 불합리한 요구인가요?
- 나는 요청의 말(please)이나 감사의 말(thank you)을 했나요?

유능감: 자립심과 자신감 기르기

> "나는 자신감이 있고
> 할 수 있다고 믿어야 한다."

부모에게는 반드시 달성해야 할 두 가지 목표가 있다. 부모는 자녀가 가족에서의 소속감에 확신이 있는지, 독립적이고 자립하는 데 필요한 훈련을 하고 있는지 알아야 한다.

사람들이 "이 사람은 왜 의존적인가요?"라고 질문할 때, 그 대답은 "잘못된 질문입니다."이다. 우리 모두 온전히 의존적인 존재로 태어나기 때문에, 올바른 질문은 "이 사람의 삶에서 독립하는 데 방해가 되는 일은 무엇입니까?"이다. 우리는 의존적으로 태어나며, 부모의 역할은 자녀가 스스로를 돌볼 수 있는 독립적인 존재로 성장하도록 훈련하는 것이다. 이 훈련의 마지막 단계는 다른 사람을 배려하고 돌봄으로써 지속적으로 성장하고 발전할 수 있도록 상호의존성을 지향한다.

> 부모의 사랑은 자녀의 독립을 위한 끊임없는 격려로 가장 잘 드러난다.
>
> — 루돌프 드라이커스와 비키 솔츠Vicki Soltz

두 가지 유형의 부모

자녀가 독립을 향해 나아가는 데 방해가 되는 몇 가지 모델과 방법이 있다. 사실 이것들은 자녀를 부모에게 계속 의존하게 함으로써 독립과 반대 방향으로 나아가게 한다.

보스형 부모

이러한 모델 중 하나는 '보스형 부모'이다. 모든 제한과 규칙을 설정하고 자녀가 순종하게 한다. 이 모델에는 자유가 없다. 이 방법은 자녀의 생각에는 관심이 없다. 이는 자녀 양육에 대하여 옛날 사고 방식을 따른다.

- "아이들은 특히 어른들 앞에서 얌전히 있어야 한다."
- "아이들은 내가 하는 대로가 아니라 내가 말하는 대로 해야 한다."
- "아이들은 말하라고 허락할 때만 말해야 한다."
- "착한 자녀는 부모에게 순종한다."
- "네가 우리 집에 사는 한, 너는 내가 말하는 대로 해야 한다."

이 모델에서는 규칙 준수를 보장하기 위해 보상과 처벌이 자주 사용된다.

규칙 없는 부모

흔히 있는 또 다른 모델은 자녀의 책임감이나 자립심을 방해하는 모델이다. 이 모델은 '규칙 없는 부모'이다. 왜냐하면 제한이나 구체적인 규칙이 거의 없고 자유가 많아서, 자녀가 안전하고 책임 있는 삶을 준비하는 데 요구되는 경계boundaries에 대해 많이 배우지 못하기 때문이다.

첫 번째 모델은 '자유 없는 제한limits without freedom'이고, 두 번째 모델은 '제한 없는 자유freedom without limits'이다. 두 형태 모두 아동에게 도움이 되지 않는다. 자유 없는 제한을 설정하는 것은 논의만 하고(요구만 있을 뿐) 아동의 생각이나 말에는 관심이 없으므로 아동을 존중하지 않는 방법이다. 제한 없는 자유는 아동의 책임감이나 협력, 타인에 대한 배려를 준비시키지 않는 방법이다. 제한을 설정하는 목적은 아동을 통제하는 것이 아니라 안전한 환경을 조성하는 것이다. 이 두 모델의 아동은 어른이 될 때 해야 할 선택에 대해 자신감을 느낄 준비가 되어 있지 않다. 보스를 따르도록 훈련받아 온 아동은 스스로 생각하는 법을 배우지 못하거나, 좋은 선택을 하는 방법 또는 지도자 역할을 하는 방법을 알지 못한다. 제한 설정을 배우지 못한 아동은 집을 떠나면 종종 두려움을 느끼며, 여러 영역(예: 돈, 음식, 술, 약물 등)에 과하게 탐닉하기 쉽다. 분명히 새로운 모델이 필요하다.

새로운 모델

새로운 모델은 '제한 있는 책임지는 자유responsible freedom with limits'라고 부를 수 있다. 대부분의 모델에 긍정적으로 해석될 수 있는 부분이 있으므로, 우리는 모든 가족과 집단에서 어느 정도의 자유와 제한이 필요하다는 데 동의할 수 있다. 이 모델은 이 두 가지를 모두 가지고 있으며, 아동의 자유를 증진하는 것의 중요성을 강조하지만, 항상 자유를 제한과 연결하는 것을 강조한다. 제한이 없으면 자유는 없고 혼돈만 있을 뿐이라는 교훈을 가르치고 있다.

제한 있는 책임지는 자유는 '핵심 욕구 4C'를 포함하기 때문에 효과적이다. 이는 존중하고, 관계를 구축하며, 아동의 기술과 능력을 인정하고, 도울 기회를 제공하며, 아동이 자신감을 표현하게 한다.

아동이 자립심과 자신감을 키울 수 있도록 지원하는 방법을 다음에서 살펴보자.

- 생활 기술 훈련
- 의존에서 독립 그리고 상호의존까지
- 실수에 대한 대처법
- 계속해서 강점 찾기

생활 기술 훈련

부모는 독립하는 방법에 대해 자녀를 훈련할 책임이 있으므로 역량 개발은 지속적인 과정이다. 부모는 여기 사는 사람은 여기에 기여한다는 생각을 키워야 한다. 자녀가 성장함에 따라 계속해서 아동에게 일을 넘겨주는 것이 현명하다.

부모는 자녀를 유능하고 독립적인 아동으로 양육할 책임이 있다. 부모는 처음에 자녀에게 집안일, 아이 돌보기, 식사 준비 등 모든 일을 부모가 다 한다고 설명할 수 있다. 점점 더 자녀가 성장해 가면서 가정에 공헌할 수 있는 책임과 능력도 점점 더 성장하고 발달해야 한다. 부모가 일주일 동안에 하는 일의 목록을 모두 작성해 보라. 아동에게 목록을 보여 주고 어떤 기술을 먼저 배우고 싶은지 물어보라. 아동은 훈련을 시작하고, 시간이 지남에 따라 목록에 있는 각 작업을 수행하는 기술을 천천히 습득하게 된다. 이것은 연속적인 과정이다. 중요한 것은 아이에게 선택권이 있고, 지속해서 성장하고 발전할 수 있는 기회가 있다는 것이다. 훈련은 필수이다. 아이에게 단계적으로 가르쳐야 한다.

아동이 유능하다고 느끼기를 원한다면, 기술 훈련에 많은 시간을 쓸 것이다. 아동이 집안일을 끝마쳤는데 그 일에 대해 비난을 받는다면, 많은 경우 그 일을 하도록 훈련받은 적이 없기 때문이다.

아동은 스스로 돌보고 자신의 선택에 책임을 지는 법을 배워야 한다. 부모는 자유에는 제한이 있고 가정 내 질서가 필요하다는 것을 가르쳐야 한다. 나이에 맞는 책임을 자녀에게 넘겨주는 것도 고려해 보자. 우리 모두 여기에 살고 있고, 우리 모두 여기에 기여하고 있다. 이는 안전하고 행복한 가정을 만들기 위해 필요한 부분이다.

예를 들면, 3세 아동은 식탁 위에 냅킨을 올려놓거나 식기를 식탁으로 옮기는 것을 도울 수 있다. 부모의 책임은 아동과 유대하면서 아동이 사랑받고 있음을 알게 하고, 독립적이고 다른 사람에게 공헌하는 방법을 훈련하는 것이다.

독립심을 기르기 위해서는 점차 아이에게
자기 자신에 대한 책임을 맡기는 과정이 필요하다.
책임감 훈련은 가족이나 집단에 공헌하는
구성원이 되는 기회를 아동에게 제공한다.

부모가 이렇게 말할 수 있다. "너희가 아침에 침대를 정리하는 것을 보면서, 침대 정리하는 법을 한 번도 보여 주지 않았다는 것을 알게 되었어. 그래서 토요일 아침 식사 후 몇 분간 만나서 '침대 정리하기'를 훈련하려고 해." (어떤 어른은 왜 굳이 침대 정리하는 법을 가르쳐야 하는지 의아해할 수 있다. 만약 그 사람이 군 복무를 한 사람에게 침대 정리하기도 훈련의 일부냐고 묻는다면, 그는 아마 '당연히absolutely'라는 강력한 반응으로 답할 것이다.) 이 훈련이 끝나면 부모는 아이들에게 집안일은 모두 다르며 얼마간의 교육이 필요하다는 것을 상기시켜 줄 수 있다.

- **진공청소기로 청소하기**: 부딪히거나 흠집이 생기지 않도록 가구 주변을 조심스럽게 움직이는 법을 알려 준다. 진공청소기를 사용한 후 쓰레기통이나 봉투를 비우는 것은 다음 사용을 위해 깨끗하게 준비하는 전략이라는 것도 알려 준다.
- **식기세척기에 넣기**: 식기세척기에 씻을 그릇을 넣기 전에 음식물 찌꺼기를 긁어 내어 퇴비로 만드는 방법을 알려 준다. 식기세척기에는 가장 효율적인 세척 방법에 대한 지침이 있는 경우가 많다. 일부 품목은 넣기 전에 불려야 할 수도 있다. 식기세척기 세제의 위치 및 꺼낼 때 식기를 보관하는 방법 등과 같은 세부 정보를 알려 준다.
- **욕실 청소하기**: 청소용품을 보관하는 위치와 싱크대를 반짝반짝 빛나게 하는 방법, 거울, 욕조, 변기, 바닥을 청소하는 방법 등을 알려 준다.

세차, 정원 잡초 제거, 세탁기 및 건조기 사용, 먼지 털기, 요리, 오븐 사용, 치워야 할 물건 정리 등 다양한 일에 대한 훈련을 제공할 수 있다.

의존에서 독립, 그리고 상호의존까지

독립을 위해서는 아동이 많은 돌봄을 받거나 자신의 일을 대신 해주던 상태에서 벗어나 도움 없이도 스스로 그 일을 할 수 있는 방법을 배워야 한다. 이는 부모가 자녀들이 도움 없이 무엇을 할 수 있는

지에 주의를 기울여야 하고, 그다음 한 발짝 물러나서 그 일을 아이에게 넘겨주어야 한다는 것을 말한다. 부모는 자신이 자녀에게 필요한 존재라고 느끼고 싶어 하지만, 자녀의 유능감을 신뢰하는 것은 자녀에 대한 존중의 표현이라는 점을 기억해야 한다. 자녀가 스스로 할 수 있는 일을 부모가 계속해서 해 주는 것은 부모가 더 잘할 수 있다는 것을 상기시켜 줄 수 있다.

1926년 레프 비고츠키Lev Vygotsky가 **근접 발달 영역**zones of proximal development이라는 이론에서 의존에서 독립까지의 네 단계를 제시했다. "아동이 스스로 습득하기에 너무 어려운 기술은 …… 지식이 풍부한 사람의 지도와 격려를 받으면 할 수 있다."

- **1단계**: 부모가 모든 일을 한다(부모가 모든 장난감을 정리정돈하는 모습을 보여 준다).
- **2단계**: 자녀를 도와주면서 부모가 그 일을 한다(어떻게 하는지를 보여 주며 같이 한다).

• **3단계**: 부모가 도와주는 가운데 자녀가 대부분의 일을 한다(부모는 장난감 정리함을 붙잡고, 자녀는 장난감을 정리함에 넣는다).
• **4단계**: 자녀는 부모의 감독, 지도, 재촉, 회유 없이 독립적으로 장난감을 모으고 정리한다.

실수에 대한 대처법

모든 가정과 교실은 실수에 대한 두려움을 없애야 한다. 실수에 대한 두려움은 자기 존중감을 떨어뜨릴 수 있다. 누구나 실수한다. 훈계나 처벌은 또 다른 실수에 대한 두려움을 증가시키고 다시 시도할 용기를 떨어뜨린다.

다음은 훈계 없이 아이(12세)의 실수를 다루는 사례이다.

아이: 제가 실수했어요.

부모: 그것에 대해 이야기하고 싶니?

아이: 네. 게임을 하고 있었는데 지켜보던 여자아이 중 한 명이 와서 공을 잡더니 자기 집으로 뛰어 들어가 문을 닫았어요.

부모: 기분이 별로 좋지 않았겠구나.

아이: 네, 안 좋았어요. 우리 모두 그 애한테 화가 났어요.

부모: 어떻게 했니?

아이: 그 애를 쫓아갔어요. 그 아이 집에 도착하자마자 문이 쾅 닫혔어요.

부모: 다음엔 어떻게 했니?

아이: 문을 세게 찼어요.

부모: 그리고?

아이: 문 바닥이 크게 움푹 들어갔어요.

부모: 그래서 파손된 거야?

아이: 네.

부모: 이제 무엇을 해야 한다고 생각하니?

아이: 그냥 그 애 부모님께 전화해서 제가 한 일을 설명해 주시면 안 될까요?

부모: 그렇게는 안 할 거야. 하지만 내가 같이 가 줄게. 네가 그 애 부모님께 무슨 일이 있었는지 말할 수 있어. 혹시 네가 제안할 만한 해결책이 있니?

아이: 어떤 거요?

부모: 글쎄, 그 문을 고치기 위해 네가 무엇을 할 것인지와 같은.

아이: 그게 뭔지 모르겠어요. 그냥 사과하면 안 돼요?

부모: 재산상의 피해가 없었다면 사과로 충분할 것 같아. 하지만 문이 파손되었으니 사과와 함께 수리하겠다는 제안이 필요하고, 문이 교체가 가능하다면 교체할 문의 정보를 얻어 주문하고 비용을 지불하는 방법을 알아볼 수 있을 거야.

아이: 제가요? 제가 그렇게 해야 하나요?

부모: 그건 의무는 아니고. 너의 도리야.

아이: 하지만 문을 쾅 닫은 건 그 애 잘못이에요.

부모: 문을 쾅 닫았다고 부서진 게 아니야. 문을 발로 차서 부서진 거지. 무언가가 부서지면 수리하거나 교체해야 해. 만약 그 여자애가 공을 가져가서 공을 망가뜨렸다면 너도 그 애가 그렇게 하기를 원했을 거야. 그들이 옆집에 살고 있으니 함께 그 집에 가서 네가 설명하면 되겠다. 네가

문제를 해결하려고 한다는 것을 그 가족이 알 수 있도록 지금 바로 하는 게 어떨까? 나중에 여자아이가 공을 가져간 것과 같은 일이 다시 일어난다면 어떻게 하면 좋을지에 대해 이야기해 보자.

이 이야기의 결론은 다음과 같다. 부모와 아들은 그 집에 갔고, 그 문을 구매한 상점의 정보를 얻었다. 그리고 손상된 문의 일부분을 주문했다. 아들은 부모님과 협의하여 자신의 용돈에서 일부 비용을 지불하기로 하였고, 잔금을 지불할 돈을 벌기 위해 집에서 몇 가지 추가적인 일(자동차 세차와 창문 닦기 등)을 했다.

아이의 실수를 다루는 방법을 요약하면 다음과 같다.

① 아이의 이야기를 듣는다.

② 아이에게 질문한다.

- "기분이 어땠어?"
- "어떻게 했어?"
- "그게 효과가 있었니?"
- "다른 방법이 있었을까?"
- "그 밖에 다른 것은?" (모든 제안이 들어올 때까지)
- "만약 네가 ____________________ 했다면 어떻게 되었을까?" (부모는 빈칸을 채우기 위해 제안을 할 수 있지만, 그 아이디어가 효과가 있을지의 여부와 이유를 아이가 말하게 한다.)

③ 아이에게 말한다. "여기 몇 가지 제안이 있는데, 이런 일이 다

시 일어난다면 어떤 것을 시도해 볼래?"

④ "좋은 계획 같구나. 시도해 볼 기회가 생기면 알려 줘."

실수가 대화에 포함될 때마다 항상 "이 경험에서 무엇을 배웠니?"라는 질문을 해야 한다. 이 질문은 실수로부터 배우는 것의 중요성을 강조하기 위한 것이다. '실수'는 '실수의 결과로 배운 것'보다 덜 중요하다. 실수는 새로운 발견과 많은 산출물의 개발로 이어져 왔다. 소아마비 백신을 발견한 조나스 솔크Jonas Salk에게 수없이 실패했던 경험에 대해 묻자, 그는 매번 시도할 때마다 무엇인가를 배웠고, 그 모든 배움이 결국 최종적인 해결책에 도달하는 데 도움이 되었다고 답했다.

교육자는 실수에 대한 두려움을 줄이는 데 도움을 줄 수 있다. 새 학기 첫날에 교사는 "올해 이 수업에서 실수할 사람이 몇 명이나 될까요?"라고 물어볼 수 있다. 교사는 먼저 손을 들어, 교사 자신뿐 아니라 누구나 실수할 수 있다는 사실을 인정해야 한다. 그런 다음 "여러분이 실수하면 교실에서 어떤 일이 일어날까요?"라고 질문할 수 있다. 대답은 아마도 다른 친구들이 종종 웃는다고 대답할 것이다. 교사는 "이 수업에서 누군가 실수를 하면 어떻게 할 것인지 정해 봅시다."라고 요청한다. 이러한 논의에 이어, 실수하는 것은 인간적이며 실수로부터 배우는 것이 매우 중요하다고 덧붙일 수 있다.

계속해서 강점 찾기

아이가 저지르는 실수를 지적하는 것은 도움이 되지 않는다. 일부 어른은 아이가 실수를 알아차리게 해야 한다고 믿는다. 그러나 실수를 지적받은 아이는 격려받는다는 느낌이 들지 않는다. 이 제안의 한 가지 예외는, 아이가 숙제 내용을 읽어 봐 달라고 하면서 자신이 놓친 오류가 있다면 짚어 달라고 요청할 때이다. 이는 숙제를 교사에게 제출하기 전에 아이가 실수를 바로잡는 데 도움이 되는 요청이다.

① 강점 알려 주기

- 구체적으로 말한다. "네가 한 일이 마음에 들었어. 그 이유를 말해 줄게. 동생이 안전띠를 맬 때 네가 어떻게 하는지 보여 주면서 도와주는 것을 보았어."
- 완벽이 아닌 개선한 부분을 찾는다. "단어를 15개나 맞추었구나. 지난주 시험보다 5개나 더 맞추었네."
- 아동이 두 가지 선택지 중 어떤 선택을 해도 괜찮을 때 선택권을 준다. "저녁 식사를 준비할 건데, 오늘 저녁은 당근을 먹을까, 아니면 콩을 먹을까?"
- 모든 시작에는 어려움이 있다. 이제 막 무언가를 배울 때 완벽을 기대해서는 안 된다. 그리고 우리는 항상 효과적이었거나 유용했던 것을 찾을 수 있다. "자전거 타기를 익히는 데 있어서 가장 먼저 배워야 할 부분은, 자전거가 넘어졌을 때 다시 올라타

는 방법을 알아내는 거야. 그런데 그걸 벌써 해냈구나!"

② 당신이 했던 실수와 실수에서 배운 것을 공유하기

부모: (자녀에게) 글쎄, 오늘 내가 뭔가를 잊어버리는 실수를 했구나.

아이: 실수하셨어요? 무슨 일이었어요? (아동은 호기심이 많아서 부모가 저지른 실수에 대해 듣고 싶어 하는 경우가 많다.)

부모: 글쎄, 내가 세탁물을 넣고 배수구를 확인하는 것을 깜빡했는데 물이 빠져나갈 수 없도록 배수구가 뭔가로 덮여 있었나 봐.

아이: 그래서 무슨 일이 있었어요?

부모: 물통이 넘쳐서 물이 바닥과 부엌 수납장 아래, 부엌 전체로 흘러 들어갔어.

아이: 주방에 물이 많이 고여 치우느라 힘드셨겠어요.

부모: 응, 맞아. 하지만 배수구를 꼭 확인해야 한다는 걸 배웠어. 그래서 '세탁기를 켜기 전에 배수구를 확인할 것'이라는 표지판을 만들어서 세탁기 앞에 붙였어. 그리고 또 다른 일이 있었어.

아이: 어떤 거요?

부모: 글쎄, 부엌 바닥을 보렴. 내가 물을 닦아 냈더니 부엌 바닥이 아주 깨끗해졌어. 그래서 해피엔딩이 되었지.

아이: 음, 엄마랑 아빠는 항상 누구나 실수한다고 말씀하셨어요.

부모: 응, 그렇게 말했지. 중요한 건, 실수가 아니라 실수로부터 무엇을 배웠느냐는 거야.

가르치고 배우는 방법으로 실수한 것에 대해 이야기하는 시간을 갖는 것은 자신감을 키우고 책임을 가르치며 어른과 아동 간에 격려하는 관계를 유지하는 방법이다.

아이가 대답해야 하는 질문

- 여러 영역에서 자신을 위해 무엇을 할 수 있나요?
- 부모님이 나를 위해 해 주시는 일 중 내가 알아서 할 수 있는 일은 무엇인가요?

부모가 대답해야 하는 질문

- 나는 자녀가 가진 강점과 유능감에 대한 신뢰를 전달하고 있으며, 자녀가 자기 훈육과 자립을 발달시키기 위하여 자신의 강점과 능력을 어떻게 활용하고 있는지를 알려 주고 있나요?
- 자녀가 스스로 할 수 있는 일을 내가 대신 하는 일이 있나요?
- 우리는 독립으로 이어지는 훈련을 정기적으로 제공하고 있나요?

마음 들여다보기 질문

당신이 어렸을 때, 누가 당신과 함께 시간을 보내며 무언가를 가르쳐 주고, 능력과 기술을 키워 주며, 당신이 자신의 강점과 재능을 발견할 수 있도록 도와주었나요? 그 시간들에 대해 어떻게 느꼈고, 그런 경험을 더 많이 갖기 위해 어떤 노력을 했나요?

가치감: 공헌할 기회 주기

> "나는 내가 필요하다는 것을 믿어야 한다.
> 나는 변화를 만들 수 있다."

애정 욕구는 타고난 것이며 소속감은 아동이 친구를 사귀고, 협력하는 법을 배우고, 책임지고, 공헌하는 데 필수적이라는 것을 우리는 알고 있다. '나는 소속되어 있다'는 것을 알고 '나는 공헌할 수 있다'고 믿는 것은 정신건강의 핵심적인 지각이다.

아들러는 인생의 의미에 관한 질문을 받았을 때, 매우 어려운 질문처럼 보이는 질문에 대해 아주 짧게 답했다. "모든 인간은 의미 있는 존재가 되기 위해 노력하지만 자신의 모든 의미가 다른 사람의 삶에 기여한다는 것에서 비롯되어야 한다는 사실을 깨닫지 못하면 항상 실수를 저지르게 된다."[21]

타인에 대한 관심의 정도는 아동이 성공과 행복으로 가는 길이기 때문에 필요한 존재가 되고 싶은 욕구를 더욱 발전시켜야 한다. 부모는 자녀가 처음으로 경험하는 타인이기 때문에 이 훈련은 부모와 함께 시작된다. 부모는 자녀에게 협력하고 돕는 사람이 되는 법을 가르치는 첫 번째 교육자이다.

도움이 되기

친절하고 다른 사람을 돕는 것을 기뻐하는 아동으로 키우려면 어떻게 해야 할까?

도움이 되는 일 하기

의미는 유용함에서 찾을 수 있다. 우리는 온 가족에게 도움이 되는 일을 하여 아동에게 유용한 사람이 되도록 가르친다.

- **2~3세**: 장난감을 상자에 넣기, 기저귀와 물티슈 챙기기, 책을 선반에 올려놓기, 쓰레기 버리기
- **4세**: 반려동물 먹이 주기, 엎질러진 물 닦기, 채소 씻기, 식탁 준비하기
- **5~6세**: 침대 정리하기, 간식 준비하기, 식탁 정리하기, 식료품 정리하기, 쓰레기 줍기
- **7~8세**: 식기세척기 비우기, 샐러드 만들기, 바닥 및 가구 먼지 털기, 세탁기와 건조기 사용하기, 마당 일하기
- **9~11세**: 진공청소기로 청소하기, 욕실 청소하기, 간단한 식사 준비하기, 우편물 받기, 세차하기, 빵 굽기, 옷 다림질하기, 식료품 쇼핑하기
- **12세 이상**: 어른이 할 수 있는 거의 모든 일 하기

모범이 되기

어른은 아동이 하기를 바라는 행동의 모범을 보여야 한다. 아주 어린 아동은 어른의 행동 방식에 큰 영향을 받는다. 아동은 부모가 다른 사람의 요구에 반응하는 것을 지켜본다. 말문이 트기 전의 아동은 부모가 무엇을 해야 하는지 말할 때보다 보는 것을 통해 더 많이 배운다. 일부 가정에서는 부모가 자녀와 함께 식사를 준비하거나 설거지를 하거나 함께 청소하는 모습을 볼 수 있다. 아동은 다른 사람들을 보면서 더 어른들과 함께 일하고 싶어 하고 자신도 돕는 사람이 되고 싶어 한다. 아동은 다른 사람들과 연결되길 원하고, 함께 어울리고 도우며 지내는 집단의 한 사람이 되고 싶어 한다.

다른 사람에게 초점 맞추기

다른 사람의 필요에 관심을 기울이고, 도움을 줄 수 있는 기회를 많이 제공하라.

- "여기 사과 하나 줄게. 이걸 동생에게 전해 주겠니?"
- "다음 주에 할머니 생신인데, 할머니가 너의 카드를 받고 싶어 하실 거야. 할머니를 위해 카드를 만들어 주겠니?"
- "식료품점에 갈 거야. 도와줄 사람이 필요한데, 나랑 같이 가 주겠니?"
- "아빠가 상자를 들고 있구나. 문 좀 열어 줄래?"
- "여동생이 수학에 대해 고민이 있구나. 여동생에게 새로운 과제

를 도와준다고 말해 보겠니?"

- "오늘 꽃을 샀어. 그 꽃을 어디에 심을지 결정하는 데 도움이 필요하구나."
- "내가 회의에 참석할 예정인데, 이 옷들 중에서 어떤 것이 가장 어울릴지 결정하는 데 도움을 주면 좋겠어."
- "오늘 저녁 식사로 뭘 먹으면 좋을지 제안해 줄 사람 있니?"
- "내가 서류 작업을 끝내고 전화 몇 통을 해야 하는데, 30분 동안 동생 좀 봐줄래?"

다른 사람이 도와줄 때 반응하라.

- "고마워!"
- "엄마, 아빠, 형제, 자매에게 정말 큰 도움이 되고 있어."
- "너는 우리 가족에게 정말 큰 도움이 된단다."

강점 강조하기

아동이 하는 긍정적인 행동에 초점을 맞춘다.

- "할머니께서 카드를 받고 고맙다고 전화하셨어. 할머니께서 다음에 네게 전화하실 거야."
- "너의 친구들은 네가 장난감을 기꺼이 나눠 주어서 정말 고마워하는 것 같아."

- "이번 주 가족회의에서 제안해 준 내용이 정말 도움이 되었어."
- "컴퓨터 사용에 대한 팁을 알려 주려고 너희가 시간을 내어 주어서 할아버지께서 고마워하셨어."

이러한 구체적인 행동을 인정하는 것은 도움이 얼마나 감사하고 필요한지를 아동에게 상기시켜 주는 것이다. 아동은 종종 열등감과 부적절함을 경험한다. 열등감에 대한 해독제는 자신이 필요하다는 느낌과 증거이다.

진행 상황 알려 주기

무언가가 완벽해질 때까지 기다리지 말라. 향상, 즉 아동이 얼마나 발전했는지, 그리고 얼마나 노력했는지에 초점을 맞추라.

- "오늘 네가 공놀이하는 걸 봤는데, 공을 잘 잡더구나."
- "역사 성적이 많이 올랐구나. 네가 많이 노력한 결과야."
- "아빠가 보니 네가 수영장 한 바퀴를 점점 더 빨리 돌더구나."

부모와 교육자는 다른 사람을 돕는 것에 대한 중요성을 강조해야 한다. 도움이 많이 필요한 사람에게도 다른 사람을 돕는 기회가 주어져야 한다. 우리는 종종 몸이 불편하거나 학습에 어려움을 겪는 아동을 돕는 데 바빠서, 그 아동 역시 다른 사람을 도울 수 있다는 것을 잊어버리곤 한다. 우리는 아동이 가진 기술이나 재능을 찾아서 아동이 다른 사람을 가르치는 기회를 만들어야 한다. 초등학교 3학년 수준의 읽기 능력을 지닌 5학년 또는 6학년 아동이 저학년 아동을 도와주거나 유치원이나 1학년 학급에서 이야기를 읽어 달라고 요청할 수 있다. 이러한 요청은 아동이 늘 도움이 필요한 부분에만 집중하는 대신, 이미 가지고 있는 능력에 대한 자신감을 키우는 데 도움이 된다. 이처럼 모든 아동은 다른 사람을 돕고 가르칠 수 있는 무언가를 가지고 있다.

아이가 대답해야 하는 질문

- 나의 행동에 대해 남을 탓하거나 변명하지 않는 책임 있는 사람으로 보이려면 어떻게 해야 할까요?

마음 들여다보기 질문

당신이 어렸을 때 누군가 당신을 필요로 했던 때를 생각해 보세요. 그 사람은 누구였으며, 그 경험에 대해 기억나는 것은 무엇인가요? 기분은 어땠나요?

당신은 일상에서 자녀들에게 나이에 맞는 책임을 부여하고, 가족과 타인에 대한 기여를 인정하는 방법을 찾고 있나요?

용기: 용기와 회복탄력성 기르기

> "앞으로 닥칠 일을 감당하고, 어떤 실수를 하더라도,
> 실수로부터 배우고, 다시 일어설 수 있다고 믿어야 한다."

용기는 결정이 실패로 끝날지라도 앞으로 나아가고자 하는 의지이다. 용기는 상황을 처리하는 한 가지 방법 중 하나이며, 실패하더라도 다른 아이디어로 시도할 수 있게 한다.

격려 없이 건강한 방식으로 작동하는 집단, 가족, 관계 또는 시스템은 없다. 일단 격려의 중요성을 인식하면, 용기를 북돋우고 아동이 발전하며 새로운 기술을 배우고, 더 독립적인 사람이 될 수 있도록 도울 수 있는 다양한 방법이 있다. 자녀 양육에 있어 가장 중요한 세 가지 요건은 아동이 소속감을 확실히 느끼게 하는 것, 독립적이 되도록 훈련을 제공하는 것, 필요한 사람이 될 기회를 많이 제공하는 것이다. 이 세 가지 모두에서 많은 격려가 필요하다.

매일 아동에게 자기 존중감과 성취감을 주는 격려를 해야 한다. 격려란 자신을 더 낫고 더 자신 있게 느끼도록 하는 모든 말이나 행동을 의미한다.

우리는 아동을 항상 보호할 수 없다. 그러나 아동에게 필요한 것이 무엇인지 알고 필요한 정보와 훈련을 제공함으로써 아동을 준비시킬 수 있다.

용기 기르기

강점 인정하기

용기는 아동의 강점에 집중함으로써 형성된다.

어른은 종종 학업 성취도 영역에서 격려해 주지만, 일부 아동은 좋은 성적을 받지 못한다. 학업적 성공 이외의 강점을 찾는 것은 인정하고 격려할 수 있는 광범위하고 다양한 영역을 제공한다. 몇 가지 예는 기계, 운동, 사회성, 예술, 유머 감각, 요리, 성실, 인내, 예절, 돕기, 즐겁게 하기, 나눔, 기타 등과 같은 강점일 것이다.

아동의 재능과 노력을 다음과 같이 인정하라.

- "동생에게 게임 방법을 알려 주다니 정말 친절하구나."
- "네가 컴퓨터 특수 키에 대해 가르쳐 줘서 정말 도움이 되었어."
- "네가 이제 타이어 교체하는 법을 안다고 아빠가 말씀하시더구나."
- "네 사진을 보여 줘서 고마워. 어떤 사진 두 개를 액자에 넣을까?"
- "이번 주에 음악 선생님이 네 연주에 감명받으셨을거야. 네가 연습하는 소리를 많이 들었어."
- "축구 시즌이 거의 끝났어. 팀을 위한 시즌 종료 축하 파티를 계획해 볼래?"

문제 해결에 도움 주기

어떤 문제에 대해 논의할 때는 당신이 생각하는 바를 표현하기 전에 아이의 관점을 먼저 파악하라.

부모: 오늘 네 친구인 존John이 교장실로 불려 갔다고 들었어. 무슨 일이 있었는지 알고 있니?

아이: 네! 존이 계속 자동차에 관한 책을 학교에 가져와서 수업 시간에 그 책을 보면서 교과서를 읽는 척했어요. 선생님은 또다시 그걸 알아내시고 교장실로 보냈어요. 이번이 세 번째 걸린 거였어요.

부모: 선생님의 결정에 동의하니?

아이: 글쎄요, 선생님께서 경고하시긴 했어요.

부모: 그럼 다시는 그런 짓을 하지 않을 거라 생각하는구나.

아이: 며칠 동안은 그럴 것 같지 않아요.

부모: 만약 네가 선생님이라면 다른 방법을 생각해 낼 수 있었을까?

아이: 네. 제 생각에는 선생님께서 그 아이에게 자동차 책을 선생님 책상에 놓고 가고, 수업이 끝나면 다시 돌려줄 수 있었을 것 같아요.

부모: 왜 그렇게 하면 효과가 있을 거라 생각하니?

아이: 아빠와 엄마는 처벌의 효과를 믿지 않잖아요. 존을 교장실로 보내는 것은 처벌이었고, 이는 문제를 해결하지 못했으며 책 읽기를 좋아하도록 가르치지도 않았어요. 그것은 단지 들키지 않도록 가르치는 것뿐이에요.

부모: 그 딜레마에 대해 너의 논리를 사용했는데, 그게 더 나은 결과를 가져왔을 수 있겠다. 네 생각 방식이 마음에 들어.

동기 부여

동기 부여는 내면에서 비롯되며, 아이가 동기 부여를 받을 수 있는 토대를 마련하는 것은 어른의 역할이다.

누군가 당신이 한 일에 대해 긍정적인 의견을 주었던 때를 생각해 보라. 그것은 무엇이었고 기분이 어땠는가? 무엇을 했는가? 그런 다음, 누군가 당신이 저지른 실수를 지적하거나 어떻게든 당신을 비판했던 때를 생각해 보라. 그것은 무엇이었는가? 기분이 어땠고 무엇을 했는가? 이러한 경험으로 시도하려는 의지가 더 커졌는가 아니면 줄어들었는가? 아이에게 용기를 키워 주면 아이는 기꺼이 더 적극적으로 도전하게 된다.

아이: 저는 수학 성적이 매우 낮아요. 저는 그냥 수학을 잘 못해요.

부모: 수학을 잘하려면 무엇이 필요하다고 생각하니?

아이: 똑똑해야 할까요?

부모: 수학을 잘하는 것이 타고난 능력이라고 생각하니?

아이: 아마도요.

부모: 그렇게 믿는다면 넌 네가 충분히 똑똑하지 않다고 생각했을 수 있겠구나.

아이: 네.

부모: 다른 방식으로 생각해 보고 싶은데, 내 생각을 말해도 되겠니?

아이: 네.

부모: 수학은 암기가 필요하다고 생각하는데, 넌 수학 구구단을 외우고 있

지. 수학은 집중력이 필요한데, 내가 저녁 먹자고 불렀을 때 친구와 통화 중이면 내가 불러도 듣지 않더구나. 수학은 인내가 필요한데, 너는 비디오 게임을 더 잘할 방법을 찾는 것을 포기하지 않지. 그리고 수학은 연습이 필요한데, 네가 축구팀에 지원했을 때 연습에 빠지지 않고 열심히 노력하고 시간을 투자해서 더 좋은 결과를 얻었던 것을 기억한단다. 그래서 내 생각에는 너는 이미 수학을 잘하는 데 필요한 자질을 갖추고 있는데, 아직 교실에서 적용하지 않았다고 생각해. 어떻게 생각하니?

용기를 기르는 것은 긍정적인 것, 노력한 것, 완벽한 것이 아닌 향상된 것, 좋은 부분, 얼마나 멀리 가야 하는지가 아닌 얼마나 멀리 왔는지에 초점을 맞추고, 선택권을 제공하고, 요구가 아닌 요청을 하고, 항상 언제나 강점을 발견하는 것이다.

훈련

아동이 올바른 판단력을 기르고, 선택할 수 있는 방향이 한두 가지 이상이라는 것을 깨닫도록 훈련하는 시간을 따로 마련하라.

부모: 브라이언Brian, 진실을 말하는 것에 관해 대화할 수 있는 시간을 가졌으면 좋겠구나.

아이: 알겠어요, 항상 진실을 말해야 한다고 말씀하시는 거 알아요.

부모: 대체로 그건 좋은 생각이야. 사람들이 너를 신뢰할 수 있게 하거든. 하

지만 이제 너는 점점 커 가고 있으니, 항상 옳거나 항상 그른 것만 보는 것을 넘어설 때가 되었구나. 예를 들면, 진실을 말하는 것이 좋은 생각이 아닐 때가 언제인지 생각해 볼 수 있니?

아이: 할머니가 제 생일 선물로 사준 셔츠가 마음에 드는지 물어보셨을 때와 같은 경우요. 제가 아는 어떤 애도 그런 셔츠를 입었는데, 저는 마음에 든다고 했어요.

부모: 그렇게 대답하기로 했을 때 무슨 생각을 했니?

아이: 할머니의 감정을 상하게 하고 싶지 않았어요.

부모: 네가 내린 결정은 할머니를 배려해서 내린 결정이라고 생각해. 다른 사람을 배려하는 것이 그 사람을 가장 존중하는 방법이야.

아이: 진실을 말하는 것이 항상 최선의 생각이 아니라는 것을 알아서 좋아요. 하지만 그런 선택을 할 때는 고려해야 할 것이 많군요.

부모: 그래, 그리고 인생에는 훨씬 더 어려운 상황도 있을 거야. 네가 약물이나 술을 권유받게 되고, 그때 네가 대답할 최선의 방식을 결정해야 할지도 몰라. 언제든 엄마, 아빠에게 와서 몇 가지 가능성에 대해 의논할 수 있다는 것을 알아주었으면 좋겠구나.

이러한 대화를 나누기에 가장 좋은 시기는 자녀가 8~12세(또는 사춘기가 시작되는 시기)일 때이다. 추상적 추론은 5세부터 시작되며 8세가 되면 뇌가 충분히 발달한다. 부모는 아동이 혼란스럽거나 심각하다고 느끼는 어려운 상황에서 대응할 수 있는 여러 가지 방법을 역할극으로 보여 줄 수 있다. 이러한 논의는 대부분의 경우에 대응 방법이 많고 다양하다는 것을 아동에게 설명하는 데 도움이 된다. 어른들은 누구를 탓하는 것 대신 최선의 해결책에 집중하는 것이 가장 생산적인 방법이라고 가르칠 수 있다. 문제나 실수는 해결책을 찾는 것을 요구한다.

아이가 대답해야 하는 질문

- 두려움에도 불구하고 앞으로 나아가고, 내가 하는 선택에서 올바른 판단력을 키우려면 어떻게 해야 할까요?

부모가 대답해야 하는 질문

- 나는 자녀가 건강한 선택을 할 수 있는 능력을 강화하고 각 상황에 맞는 행동을 개발하게 하는 기회를 만들었나요?
- 나는 내 자녀에게서 보이는 강점에 대해 자주 말해 주고 있나요?

마음 들여다보기 질문

어린 시절에 당신을 격려하고 당신의 강점, 도움, 성취를 인정해 준 사람은 누구였나요? 그분들은 어떻게 그렇게 해 주셨고, 당신은 그분들에 대해 어떻게 느꼈나요? 지금 당신의 삶에도 그런 사람이 있나요?

평생 필요한 핵심 욕구 4C

정리

- 친근한 자녀를 원하면, 자녀와 우호적인 관계를 구축하고 유지해야 한다.
- 자녀를 이해하려면, 자녀가 가족 내에서 자신의 위치를 어떻게 해석하는지 살펴봐야 한다.
- 자신감 있고 독립적인 자녀를 원하면, 자녀의 강점을 찾아내어 자녀의 내재적 가치를 격려해야 한다.
- 자녀가 자원이 풍부하고 건설적이기를 원하면, 자기 중심적인 행동을 타인 중심적인 행동으로 재정향하는 방법을 찾고 제공해야 한다.
- 자녀가 타인을 존중하고 그들과 협력하기를 원하면, 보상과 처벌을 해결책으로 삼지 않고 평등이라는 사회적 논리를 통해 훈련해야 한다.
- 자녀가 책임감 있고 사회의식을 갖기 원하면, 가족회의를 통해 자녀와 책임을 함께 나누어야 한다.

아이들에게 핵심 욕구 4C의 필요성은 평생 지속되기 때문에 이 욕구를 설명하는 것은 중요하다. 또한 어른을 관찰하고 그들이 내리는 선택을 이해하려고 할 때, 우리는 그 선택의 동기가 무엇인지 궁금해진다.

유대감

사람들이 소속감이나 유대감의 욕구를 경험하지 못하면, 어떤 결론을 내릴 수 있을까? 애정의 욕구가 충족되었다고 느끼지 못하면 누군가가 항상 곁에 있어야 하는 의존적인 상태에 있기를 선택할 수 있다. 이 선택의 반대편에는 어떠한 유대감도 포기하는 사람이 있다. 이 고통은 정신병적인 상태로 이어져 완전히 거부당하고 혼자라는 느낌을 받을 수 있다.

유능감

개인이 불안전하거나 부적절하다고 느낄 때, 과잉 보상하고 모든 일에 강박적으로 대처하고 완벽주의자가 됨으로써 이러한 감정을 다루려고 할 수 있다. 이러한 사고의 극단에는 수행에 대해 병적인 공포와 두려움을 생성하는 수동적인 방식이 있다. 이들은 자신에게 기대되는 것을 감당할 수 없다는 증거를 만들어 낸다. 이들은 '실수할까 봐 시도하기 두렵다'를 '나에게 기대되는 것을 감당할 수 없다'로 바꾼다. 즉, 실패를 피함으로써 자기 존중감을 지키기 위해 '하고 싶지 않다'라는 선택을 '할 수 없다'라는 선택으로 바꾸어 버린다.

가치감

사람들은 자신이 쓸모없고, 필요하지 않으며, 가치 없고, 공헌할 방법이 없다고 생각할 때, 자신의 삶이 의미가 없다고 믿을 수 있다. 아들러는 인생의 의미는 다른 사람을 위해 봉사하는 것이라고 말했다. 자신이 가치 없다고 여기는 사람들은 인생의 의미를 발견하지 못했거나 자신의 노력이 거부당해 왔다. 자신이 가치 없다는 생각과 해석은 삶의 무의미함으로 이어질 수 있으며, 극단적인 경우 자살에 대한 생각이나 행동으로까지 이어질 수 있다.

용기

용기가 없고 핵심 욕구 4C를 얻지 못하면, 알코올이나 약물에 의존하게 되고 심지어 노숙자가 될 수도 있다. 기본적인 심리적 욕구가 충족되지 않으면, 아동이 심리적인 영양분이 부족할 때 포기하듯이 어른들도 삶을 포기하게 된다.

핵심 욕구 4C는 심각한 진단을 받은 경우에도 중요하다. 고립감, 부적절감, 불필요함, 열등감과 함께 소속감을 느끼지 못하는 것이 근본적인 문제일 때, 이러한 사람에게 적용되는 진단과 꼬리표가 많다. 우리는 태생적으로 사회적 존재이기 때문에, 연결되지 못하는 경험은 견딜 수 없을 만큼 고통스럽고, 그에 따라 나타나는 행동은 그 감정과 자기 개념을 반영하게 된다.

"조현병과 같이 진단이 매우 심각한 경우에도 치료 모델은 집단 치료, 사회적 기술 및 직업 기술 훈련으로 구성된다. 이러한 사람들은 타인과 소통하고, 감정을 나누며, 피드백을 주고받고, 문제를 해결하는 데 필요한 기술이 부족하다. 이 훈련은 그들이 교우 관계, 학교, 직장 환경에서 성공적으로 적응하기 위해 무엇을 배워야 하는지를 알려 준다. 조현병 진단을 받은 2,000명 이상의 대규모 표본에서 사회적 역량을 반영하는 특성과 높은 수준의 삶의 만족도에 대한 주관적인 보고 사이에는 유의미한 상관관계가 있었다."[22]

조현병 진단은 어린 아동에게는 거의 나타나지 않으며, 청소년기 이후에 나타난다. 사회에서 중등학교나 대학을 졸업하는 사람이 앞으로 나아가는 데 필요한 기술을 갖추지 못한다면, 심리적 타격이 상당할 것은 자명하다. 앞으로 나아가야 하는 개인이 인생의 도전과 문제에 맞설 준비가 되어 있지 않다면, 성공을 향한 움직임은 심각하게 제한될 것이다. 심각한 진단을 받은 경우에도, 핵심 욕구 4C가 절실히 필요하며 개인의 회복을 돕기 위해 실제로 적용되고 있다. 교육에는 사회적 기술, 직업 기술, 독립적 생활 기술 등 이들이 놓치고 있는 필수 기술이 포함된다. 기술 수준이 높아질수록 약물에 대한 의존도가 낮아지는 경우가 많다.

…… 이제 우리는 용기를 어려움에 직면했을 때 자신과 타인을 위해 앞으로 나아가는 안팎의 창조적인 생명력이라고 잠정적으로 정의할 수 있다. 구체적으로 용기와 용기 있는 행동은 인생 과제(즉, 일, 사랑, 우정/가족/

공동체, 자기와의 조화, 우주적 존재 및 소속감과의 조화)를 통해 사회적으로 유용한 방식으로 공헌하거나 협력하려는 개인의 의지로 가장 잘 표현된다.

— 줄리아 양Julia Yang[23]

제5장

행동 이해하기

아동의 네 가지 욕구

유대감: 소속감과 관계

정기적으로 발생하는 모든 문제 행동은 네 가지 목표 중 하나를 지향한다. 그 하나는 집단 내 다른 사람들과의 관계에 대한 아동의 생각과 소속하고 유대 맺는 방법을 나타낸다. 아동이 개인적인 관심이 필요하다고 생각한다면, 그것은 옳다. 그러나 때때로 아동은 모든 상황에서 항상 관심이 필요하다고 생각한다. 이런 일이 발생하면 관심을 끌기 위한 아동의 행동이 어른은 귀찮게 느껴질 것이다. 어른의 전형적인 반응은 아동에게 말을 걸거나 지금 바쁜 이유를 설명하거나 하던 일을 멈추고 아동과 놀아 주는 것이다. 이러한 어른의 해결책은 일시적으로 아동의 욕구를 충족시킬 수 있는 관심을 준다. 하지만 아동이 긍정적인 방식으로 관계 맺는 데 필요한 기술을 발달시키지 못하므로 아동의 관심에 대한 욕구와 어른의 임시방편은 궁극적으로 만족스럽지 않다. 어른이 다른 집안일에 관심을 돌리면, 곧바로 다시 이 행동이 나타날 가능성이 크다. 이 아동은 끊임없이 연결되어 있다는 증거를 찾고 있으며, 그 증거로 관심을 끌기 위한 과도한 행동을 한다. 아동에게 말하거나 멈추어서 아동과 놀아 주려는 어른의 자연스러운 본능은 이 딜레마를 해결하는 데 실패할 가능성이 크다. 어른이 짜증나는 상황을 해결하려는 데만 집중하면, 아동은 오히려 타인이나 상황이 아닌 자기 자신에게만 초점을 맞추도록 유도하게 된다. 누구의 욕구도 충족되지 않는다. 아동은 여전히 만족스러운 연결을 갈망하고 있고, 어른은 그 상황에서 요구되는 것에 집중하지 못한 채 방향을 잃는다.

과도한 관심을 끌려는 선택은 결국 어른에게 감당하기 어려운 수준이 되고, 어른은 아동의 행동에 휘말리기보다는 그 행동을 멈추게 하려는 쪽을 선택하게 된다. 이는 피할 수 없는 선택인 것처럼 보이지만 실제로는 어른이 관심을 거부함으로써 더 강력한 입장이 되고, 힘겨루기가 시작되는 다음의 잘못된 목표로 이어진다.

유능감: 성장, 배움, 향상

아동의 두 번째 욕구는 성장하고, 배우고, 향상하고자 하는 욕구이다. 이제 아동은 부모가 자신의 관심 끌기 요청에 응하지 않는다는 것을 알게 된다. 그 결과, 아동은 더 강해져서 어떤 요청도 따르지 않는 것이 유능해지는 한 가지 방법이라고 결정할 수 있다. 어른들의 요청을 명령으로 해석하고 자신에게는 선택의 여지가 없다고 생각하여 어른의 요청을 따르지 않을 수 있다. 관심 끌기를 하는 아동은 어른이 관심을 주면 일시적으로 행동을 멈춘다. 그러나 힘겨루기를 하면 아동은 행동을 멈추지 않는다. 어른과 아동이 힘겨루기할 때 누가 보스인지 겨루어 보자는 초대에 응하는 셈이다. 힘겨루기의 목표가 이기기(또는 다시는 지지 않기)이기 때문에, 어른은 아동과의 유대감을 포기하게 된다. 긍정적인 영향을 미칠 수 있는 어른의 능력은 희생되고, 더 이상 아동에게 무엇을 하라고 요청할 수 없으며, 어른이 원하지 않는 것을 아동이 하지 못하도록 막을 수도 없다. 힘겨루기가 더 오래 지속될수록 아동은 힘이 가치 있다고 확신하게 된다.

이제 어른은 화가 나고 싸움은 더 커진다. 어른은 종종 아동을 제압하려고 하지만, 어른과 아동 모두 보스가 되려고 하거나 보스로부터 지배받는 것을 거부하기 때문에 실패한다. 아동의 이러한 목표는 더 강력한 정서와 함께 관심 끌기보다 더 악화되며, 어른은 처벌을 포함하여 어떤 대가를 치르더라도 그 행동을 중단시키려고 한다. 이것은 유대감이 깨졌다는 것을 의미한다. 아동의 강점과 성취에 대해 어른이 보내던 인정은 점차 비판과 제약으로 바뀌게 된다. 이제 우정과 협력은 끝났다. 그러면 아동은 자신의 힘을 보여 줌으로써 어른들을 물리치는 데 매우 유능해진다. 잘못된 행동과 처벌은 서로를 키우고 강화한다. 다시 말하지만, 이러한 어른의 해결책은 잘못된 행동을 멈추게 하지 않는다. 실제로 그 행동이 점점 더 심해지는 것을 볼 가능성이 크다.

아동과의 힘겨루기에는 다섯 가지 구체적인 위험이 있다.

- 아동이 어른(부모, 교사)을 이기는 방법을 개발하도록 한다.
- 아동에게 힘이 가장 중요한 개념이라고 가르친다. 힘을 가진 모든 아동의 뒤에는 힘을 본보기로 보여 주고 싶어 하는 어른이 있다. 아동에게 힘은 가치 있는 것으로 인식된다. 그 이면에 있는 일반적인 신념은 다음과 같다. "힘이 없으면 실패자이다."
- 아동을 복수하기로 몰아넣는다. 힘겨루기가 오래 지속될수록 힘을 겨루는 갈등 상황이 더 심각해지고 복수하기로 변질할 가능성이 크다.
- 관계를 손상한다. 힘겨루기하는 아동은 부모의 사랑을 점점 더 적게 경험한다. 아동이 유대감을 경험할 방법이 없으며 유능감

을 느낄 방법도 없다.

- **힘겨루기는 우리가 사랑하는 사람에게 상처를 주는 것을 보여 주고 승인할 위험이 있다.**

어른의 해결책은 분명히 상황을 더 고통스럽고 해결하기 어렵게 만들어 왔다. **논리적 결과**를 사용하는 훈련을 받았더라도 힘겨루기나 복수하기를 하는 아동들에게 사용하지 않을 것이다. 왜냐하면 아동의 강조점이 더 이상 협력을 발전시키거나 해결을 찾는 데 있지 않고 목표가 이기는 것, 적어도 다시는 지지 않는 것으로 바뀌었기 때문이다. 목표가 '해결해야 할 문제'에서 '이겨야 할 전쟁'으로 바뀌었다. 힘겨루기에서 어른의 목표는 논쟁에서 이기는 것이 아니라 합의를 끌어내고, 어른과 아동 모두가 받아들일 수 있는 해결책을 함께 찾는 것이어야 한다.

가치감: 가치 있고, 필요하며, 공헌 인정받기

아동의 세 번째 욕구는 가치 있게 여겨지고 필요로 하며, 가족, 친구, 지역사회에 대한 공헌에 대해 인정받는 것이다. 힘겨루기는 이러한 가능성을 끝내 버린다. 그러면 아동이 가치감을 얻는 길은 하나이다. 아동이 제압되고 패배하면 상처받을 것이고, 어른에 의해 상처받았다고 느끼기 때문에 어른에게 상처를 주려고 할 것이다. 중요성의 욕구는 보복과 복수하기로 대체된다. 가치감 욕구는 거절과

상처를 주는 메시지로 대체된다. 이러한 아동은 고통 속에서 이제 자신이 사랑받지 않으며 심지어 다른 사람이 나를 좋아하지도 않는다고 확신한다. 그들은 어른의 반응을 사랑은 없고 분노만 있다는 증거로 해석한다. 싸움과 처벌이 계속되는 상황에서 아동에게 자신이 사랑받고 사랑받을 수 있다는 확신을 줄 방법은 없다.

아동은 어른의 취약점을 알고 있으며, 그 점(취약점)을 이용할 것이다. 어른이 교육에 대한 가치를 중시한다면, 아동은 숙제하지 않거나 심지어 학교에 결석할 수도 있다. 어른이 청결을 중시한다면, 아동은 목욕을 거부할 수 있다. 이에 대해 어른은 상처받아 점점 더 화를 내는 방식으로 대응하고 종종 처벌로 이어진다. 통제의 압박이 점점 더 커지고, 아동도 "당신이 나를 처벌하면 이제 나도 당신을 처벌할 권리가 있다는 것을 당신은 안다. 내가 먼저 당신을 처벌하지 않았다. 당신이 나를 처벌했다. 그래서 당신이 나를 대했던 방식으로 나도 당신을 대하고 있다."라는 신념으로 맞대응한다. 아동의 이러한 목표는 매우 심각할 수 있으며, 어른들은 앞으로 어떻게 나아가야 할지에 대해 전문가의 조언을 구하게 될지도 모른다. 바람직하게는, 그들이 받게 될 도움에는 핵심 욕구 4C를 제공할 수 있는 정보가 포함되어 있어야 한다.

이러한 각 목표에서 아동이 그러한 반응을 불러일으킨 것처럼 보이더라도 아동의 행동에 대한 반응을 바꾸어야 하는 것은 바로 어른이다.

용기: 격려

아동의 네 번째 욕구는 절대적으로 필요한 격려이다. 집 안에 있는 식물을 보면, 성장에 필요한 것이 제공될 때 식물이 잘 자라는 것을 알 수 있다. 식물이 잘 자라지 않는다면 적절한 물, 햇빛, 토양, 온도가 부족했다는 것을 깨닫게 된다. 우리는 이러한 요소를 즉시 제공하려고 노력할 것이다.

마찬가지로 아동에게 필요한 심리적 영양을 제공하는 방법을 찾아야 한다. 격려는 필수 요소이다. 격려에 굶주린 아동은 포기할 것이다. 아동이 작은 자기 존중감이라도 유지할 수 있는 유일한 방법은 노력을 그만두는 것이다. 이러한 아동의 논리는 "내가 시도했다가 실패하고 바보처럼 보이는 것보다 내가 무능력하다는 것을 어른에게 확신시키고 나에게 아무것도 기대하지 않게 하는 편이 더 낫다."라는 것이다. 그 결과, 어른은 이러한 아동을 격려하려는 시도 자체를 멈

추게 되거나, 부모에게는 격려처럼 보이지만 아동에게는 오히려 낙담을 주는 방식들을 사용하게 될 수 있다.

식물의 상태가 좋지 않다고 느껴진다면, 물을 너무 많이 주었거나 햇빛을 부적절하게 제공했을 수도 있다. 식물이 생존하고 번성할 수 있게 도울 수 있도록 조언을 구해야 한다. 아동에게도 마찬가지이다. 부모는 자녀에게 용기를 심어 주는 것이 얼마나 중요한지, 어떻게 용기를 심어 줄 수 있는지에 대해 교육받아야 한다. 당장은 아동은 매우 낙담하고 어른은 해결책을 찾지 못해 어려움을 겪을 수 있다.

낙담의 단계는 다음과 같다.

- 아동은 끊임없이 지적당한다.
- 아동은 '나는 항상 틀렸다'고 인식한다.
- 아동은 실수하는 것을 두려워한다.
- 아동은 시도하는 것을 두려워하고 활동하기를 멈춘다.
- 아동은 '완벽하지 않으면 아무런 가치도 없다'고 믿는다.

이 네 번째 낙담 단계가 억압이나 처벌하기를 선택한 어른의 결과로 설명되었지만, 어른이 완벽을 기대할 때 나타난 아동의 선택일 수도 있다. 모든 상황에서 최고의 성적과 수행을 얻지 못한 아동은 포기하고 어른의 기대에 결코 부응하지 못하는 실패자처럼 느껴질 수 있다.

아동의 행동 목표 이해하기

4C와 낙담한 네 가지 행동 목표

욕구	욕구 충족을 위한 아동의 시도	낙담한 목표	아동의 감정
유대감	계속 주목받기	과도한 관심 끌기	고립감, 단절감
유능감	반항하기	힘겨루기	부적절감
가치감	실패하거나 상처 되갚기	복수하기	무가치감
용기	포기하기	부적절함 드러내기	열등감

아동의 초기 행동을 관찰하는 것만으로는 목표를 알 수 없다. 목표는 그 행동에 대해 어른의 감정과 어른이 취한 행동에 대한 아동의 반응으로 드러난다. 아동은 같은 행동을 하더라도 다른 목표를 가질 수 있으므로 이것을 이해하는 것이 중요하다. 관심 끌기를 위해, 보스에게 지배받지 않는다는 것을 보여 주기 위한 힘을 과시하기 위해, 부모에게 상처를 주기 위한 복수를 위해, 열등감이나 절망감을 느낄 때 부적절함을 드러내기 위해 약물을 사용할 수 있다.

네 가지 목표로 선택한 또 다른 행동은 게으름이다. 게으름은 관심과 도움을 받거나 해야 할 일을 거부함으로써 힘을 얻거나, 아동의 노력 부족으로 인해 개인적으로 상처받은 야심 찬 어른에게 복수하거나, 노력해도 얻을 수 없을 것 같을 때 핑계로 사용될 수 있다.

어른이 아동의 행동에 성가심을 느끼면 어른은 보통 아동에게 관심을 주게 되며, 관심 끌기 목표가 달성되기 때문에 아동의 행동은 일시적으로 멈춘다. 하지만 곧바로 관심 끄는 행동을 다시 시작한다.

어른이 아동의 행동에 화가 나서 아동에게 그만하라고 하는데 아동이 멈추지 않고 그 행동을 계속하면, 목표는 힘겨루기이며 싸움이 시작된다.

어른이 아동에게 상처받으면 보통 처벌하기를 선택하게 되고, 악순환이 계속된다. 아동은 상처받고 다시 부모에게 상처를 줄 것이다. 이 아동은 이제 아무런 힘도 없다고 느끼고, 받은 처벌로 인해 상처를 입으며 다음과 같이 믿게 된다. "부모님은 매우 불공정하다. 부모님은 자신이 책임져야 한다고 고집하며, 처벌을 주된 해결책으로 사용한다. 나는 부모님의 행동을 상처 주는 것으로 판단하고, 나도 부모님께 상처를 줄 때 똑같이 행동한다. 부모님은 사랑한다고 말하는 사람에게 상처를 주어도 괜찮다고 생각하는 것 같다. 나는 부모님께 사랑받거나 좋아한다고 느끼지 못한다. 내가 없으면 그들이 더 행복할 것 같다."

부모가 자녀의 행동에 절망감을 느끼고 아무것도 효과가 없는 것 같다고 생각하면, 부모는 노력을 중단하고 실패자처럼 느끼기 시작할 수 있다. 이 시점에서는 전문가의 도움이 필수적일 수 있다.

낙담한 목표	부모의 감정	부모의 행동	결과
관심 끌기	귀찮음	상황의 욕구를 무시하고 관심 주기	필수 욕구가 충족되지 않으면 그 행동이 다시 증가함
힘겨루기	화남	아동과 싸우기	
복수하기	상처받음	처벌하기	
부적절함 드러내기	절망함	포기하기	

어른의 반응은 행동을 다루거나 개선하는 데 도움이 되지 않으며 궁극적으로 성공의 가능성을 낮춘다. 핵심 욕구 4C를 놓쳐서 아동이 낙담할 때, 수동적인 행동에서 적극적인 행동으로 이어지는 몇 가지 행동 패턴이 있다.

낙담한 목표	수동적 형태	적극적 형태
관심 끌기	수줍음, 부끄러움	성가시게 함
힘겨루기	나를 강제로 하게 할 수 없음	나를 막을 수 없음
복수하기	다른 사람에게 상처받음	다른 사람에게 상처 줌
부적절함 드러내기	시도하지 않음	주의력 결핍 장애ADD/주의력 결핍 과잉행동 장애ADHD와 유사할 수 있음

대부분의 사람은 이러한 목표를 이해할 수 있는 경험을 해 본 적이 있을 것이다. 누군가와 정보를 공유하던 중 실수로 날짜를 잘못 알려 준 적이 있을 것이다. 당신은 상대방의 말을 끊고 바로잡고 싶은 충동을 느꼈는가? 관심을 끌려는 아이는 늘 그런 기분을 느낀다.

상점에서 물건을 사서 집에 돌아와 포장을 뜯어 보니, 물건이 깨진 것을 알았던 때를 떠올려 보자. 아마도 당신은 불편하고 좌절감을 느끼며, 다시 매장에 갔을 것이다. 판매원에게 문제 상황을 설명하자, 당신 탓을 하고 구매 당시에는 멀쩡한 상태였는데 떨어뜨린 것이 아니냐는 질문을 받았다. 이제 더욱 좌절하고 화가 날 수 있다. 상품에 대한 환불 요청을 했지만, 현금은 안 되며 상점 포인트로만 가능하다는 답변을 들었다. 매니저와 이야기하게 해 달라고 요청하자, 자기가 매니저라고 하면서 이것이 매장 방침이라는 답변을 들었다. 힘겨루기하는 아동은 항상 이런 방식으로 느낀다.

이제, 매장에 들렀던 것을 잊고 그냥 넘기겠는가? 아마 아닐 것이다! 당신은 다시는 그 매장에서 쇼핑할 계획이 없으므로, 상점 포인트를 받을 가치가 거의 없다고 느낄 것이다. 이 사건에 대해 아는 모든 사람에게 분명히 이야기할 것이고, 공정하다고 생각되는 보상을 받기 위해 매장 본사에 편지를 보낼 수도 있다. 무례함과 모욕감을 느끼며 환불받을 준비가 되었지만, 아직 끝나지 않았다. 복수하려는 아동은 항상 이렇게 느낀다.

친구들이 무언가를 하려고 하면서 당신을 초대했을 때, 거절해야 한다고 생각한 적이 있을 것이다. 스키나 마라톤, 당신이 생각하기에 도저히 할 수 없을 것 같은 일이었을 수도 있다. 스키를 한 번도 타 본 적이 없다고 가정해 보자. 친구들은 초보자를 위한 강습이 있으며, 둘째 날에는 한두 개의 좀 더 높은 언덕을 탈 수 있고, 주말에는 헬리스키(헬리콥터를 타고 더 높은 산으로 가는 것을 의미)를 탈 수 있다고 말하면서 당신을 설득하려 할 것이다. 당신은 마음속으로 이렇게 생각할 것이다. 아무리 달래도, 아무리 돈을 준다 해도, 해 봤자 실패할 게 뻔한 일이라면 절대 시도하지 않을 것이라고. 심지어 생각만으로도 긴장할 수 있다. 부적절함을 드러내는 아동은 항상 이런 식으로 느낀다.

당신이 어렸을 때 이 네 가지 목표 중 하나에 속했던 기억이 있거나 그런 형제자매가 있어서 그것이 얼마나 큰 문제였는지 기억할 수 있을 것이다. 그러므로 아동의 목표를 이해하고, 그 행동을 유용한 쪽으로 재정향하는 데 도움이 되는 정보를 얻는 것이 매우 중요하다. 아동에게 행동을 못 하게 할 수는 없다. 그러나 아동을 변화시키는 데 집중하는 것을 멈추고, 타인에게 도움이 되는 방식으로 아동의 심리적 욕구를 충족할 수 있는 대안을 찾아 아동에게 제안할 수 있다는 것을 깨달아야 한다.

낙담한 네 가지 행동 목표 예시

핵심 욕구 4C가 결핍된 아동은 네 가지 목표 중 하나를 나타내고 있으며, 각 목표는 같은 행동으로 시작될 수 있다. 예를 들면, 네 명의 아동이 연필을 깎아야 하는 교실에서 교사와 상호작용할 때 각 아동은 다른 목표를 가질 수 있다. 교사가 책상을 치우고 시험 볼 준비를 할 시간이라고 학급에 알린다. 책상 위에는 연필 외에 아무것도 놓아서는 안 된다.

관심 끌기

한 아동이 교사의 말을 들은 후 연필이 부러진 것을 다른 사람들에게 보여 주면서 재빨리 뛰어올라 연필깎이로 향한다.

교사: 앉으세요. 시험 시간이에요.

학생: (재빨리 연필을 깎은 후에 연필을 들고 책상으로 간다. 교사에게 연필이 부러졌다고 말하고 다른 학생들에게 깎은 연필을 보여 준다.)

교사: (짜증을 내며 학생에게 상기시키고 학생은 재빨리 자리로 돌아온다.)

학생: ('내가 소속감을 느끼려면 다른 사람들의 관심을 계속 끌어야 해.'라고 믿는다.)

힘겨루기

아동이 교사의 말을 들은 후, 일어나서 연필깎이가 있는 곳으로 천천히 걸어간다.

교사: 자리로 돌아가렴.

학생: 연필을 깎는 중이에요.

교사: 자리로 돌아가.

학생: 제가 시험을 보면 좋겠어요, 안 보면 좋겠어요?

교사: 어서 자리로 돌아가면 좋겠어.

학생: 알겠어요. 연필이 부러져서 시험을 볼 수 없잖아요.

교사: 항상 수업 전에 준비했어야지.

학생: 연필이 부러졌다고요.

교사: 자리로 돌아가고 수업 끝나고 보자. 너는 오늘 0점이야.

학생: (자리로 돌아와 팔짱을 낀다.) 연필이 부러져서 시험을 볼 수 없잖아요. 제가 시험을 보지 않기를 바라시는 것 같아요.

교사: (화가 잔뜩 났고, 이 학생을 위한 훈계를 계획하고 징계 조치에 대해 교장 선생님과 논의할 수도 있다.)

이 학생은 교사에게 싸움에 대한 어떤 '초대'도 받아들일 것과 자신이 이길 것이라는 것을 보여 주었다. 학생의 신념은 "나는 다른 사람이 내가 할 수 있는 것과 할 수 없는 것을 말하도록 허용하지 않는다."이다. 학생은 "나는 내가 보스일 때 유능하다고 느끼며, 다른 사람들이 나의 보스가 될 수 없음을 보여 줄 거야. 다른 사람이 나를 지배하게 내버려두면 나는 나약하다고 느낄 거야."라고 생각한다.

복수하기

아동은 교사의 말을 들은 후 일어나서 연필깎이가 있는 곳으로 걸어간다.

교사: 자리로 돌아가렴.

학생: 연필이 부러졌어요. 시험을 보려면 연필을 깎아야 해요.

교사: 미리 준비해 왔어야지.

학생: 조금 전에 제니Jenny가 연필을 깎으러 갔잖아요. 선생님은 제니가 연필

을 깎도록 내버려두셨어요. 제니만 특별한 학생인가요? 선생님이 학생들을 불공정하게 대해도 아무도 알아차리지 못한다고 생각하시는 것 같네요. 하지만 학생들은 눈치채고 있어요. 이 교실에 있는 모든 사람이 제니가 연필 깎으러 가는 것을 보았는데도 선생님은 전혀 화를 내지 않으셨어요. 선생님은 분명히 편애하고 계세요.

교사: 무례하게 굴지 말고 자리로 돌아가렴.

학생: 알겠어요. 하지만 연필이 필요하니 제니한테서 빌릴게요.

학생은 제니의 책상으로 가서 연필을 집어 들고 제니를 밀친 뒤 자기 책상으로 돌아온다.

학생: 됐어요. 이제 만족하시나요? 이제 연필이 생겼어요.

교사: 교장실로 가. 나중에 얘기하자. 너는 나와 다른 학생들을 존중하지 않고 있어. 그런 행동, 이 교실에선 더 이상 안 돼.

교사는 이러한 행동에 상처받고 화가 나서, 교장 선생님께 보고하고 교내 정학이나 학부모에게 전화하기 또는 학생의 생활기록부에 기록하는 등 강력한 대응을 요청할 것이다. 교사가 상처받았기 때문에 그에 대한 반응으로 종종 상처를 돌려주는데, 이는 "선생님이 먼저 나에게 상처를 입혔으니, 나도 선생님께 상처를 되돌려주는 거야."라는 신념을 갖게 되며 결국 아동이 자신의 목표를 달성하게 된다.

아동은 '힘겨루기로는 어쩔 수 없지만, 다른 사람이 상처 주는 말과 행동을 더 이상 가만두지 않을 거야. 내가 받은 상처를 되돌려주겠어. 그것이 내가 할 수 있는 유일한 해결책이야. 나를 필요로 하지 않는 사람들을 대할 때, 그들의 대우가 얼마나 부당한지, 그 기분이 어떤지 보여 줄 거야.'라고 믿는다.

부적절함 드러내기/회피하기

학생은 교사의 말을 들은 후, 다른 학생들이 시험을 시작하는 동안에 그 학생은 가만히 앉아 있다.

교사: (고개를 숙이고 있는 그 학생을 보고 학생의 책상으로 간다.)

교사: 왜 시험을 안 보고 있니?

학생: 연필이 부러졌어요.

교사: (아동의 슬픔을 알아차리고 연필을 건네준다.)

학생: 시험 안 볼 거예요. 답을 하나도 모르겠어요.

교사: 넌 할 수 있어. 문제를 잘 보고 어제 수업 시간에 우리가 얘기했던 내용을 떠올려 봐.

학생: 기억나지 않아요.

교사: 그냥 한번 해 봐.

학생: 아픈 것 같아요. (배를 움켜잡고) 보건실에 가도 되나요?

교사: (학생이 보건실에 가도록 허락한다. 교사는 아동을 격려하려고 노력하지만, 효과가 없다.)

이 아동은 좌절감을 느끼고, 결국 포기하고 물러서야 한다고 생각한다. 그러고 나서는 자신이 요구받은 일을 할 수 없으니 자신을 봐줘야 한다고 다른 사람들을 설득하려 한다. "나는 수학이나 다른 교과목을 잘하지 못하기 때문에 그만 노력해야 해. 시도하지 않으면 실패하지 않을 거야. 다시 실패하고 싶지 않아. 어른들이 나를 포기하고 그냥 내버려두게 해야 해."라고 믿는다.

이런 아동들은 아마도 평가를 통해 '학습장애'가 있는 것으로 판명되어 특별한 관심과 도움을 제공받는 경우가 많다. 보통 아무리 노력해도 실패할 뿐이라고 생각하는 매우 낙담한 아동이 이런 행동을 선택할 가능성이 있다는 것을 어른들은 놓치는 경우가 많다. 이런 아동에게는 실패할 가능성을 없애고 성공할 수 있도록 과제를 잘 맞춰 주는 게 필요하다. 이것은 절망감을 느끼는 학생에게 매우 중요하다.

이 정보는 학습장애가 있는 아동이 없다고 주장하는 것이 아니다. 하지만 진단은 부모와 교사의 관찰에 근거한다. 학교에서 실패를 경험하고 자신을 실패자처럼 느끼는 아동의 증상은 다른 종류의 도움이 필요한 아동과 유사하게 나타날 수 있다. 학습장애 진단은 이미 다른 아동들보다 능력이 더 떨어진다고 느끼는 아동에게 주어지기 때문에 학습장애로 분류된 아동은 더 낙담할 수 있다.

더 어린 학생에게 개인지도나 책을 읽어 달라는 요청을 받은 학습장애가 있는 학생에 관해 교사가 경험한 놀라운 이야기가 있다. 이는 종종 개인지도를 받는 아동에게 매우 긍정적인 영향을 미친다.

개인지도를 하는 학생과 지도받는 학생 모두 그 관계를 즐긴다. 개인지도를 받는 아이가 당장 실력이 늘지 않더라도, 어른은 가르치는 아이가 어떻게 달라지는지 살펴봐야 한다. 그 아이는 자신이 필요한 존재라고 느끼기 때문이다. 이런 느낌은 그 아이가 공부를 더 열심히 하게 만들고, 더 좋은 학습 도우미가 되기 위해 노력하게 만드는 동기가 될 수 있다. 향상되지 않더라도, 어른은 개인지도를 하는 아동이 필요하다고 느끼기 때문에 개인지도를 하는 사람의 실력이 향상될 수 있도록 노력해야 한다. 필요한 사람이라고 느낀다는 것은 개인지도를 하는 아동이 더 많이 공부하기 시작하고 더 가치 있는 과외 교사가 되기 위한 동기 부여가 될 수 있다. 이 아동에게는 자신이 필요하다고 느끼고 다른 아동을 돕는 기쁨을 누릴 수 있는 기회가 된다.

행동을 다루는 전략

어른들이 낙담을 알아차리고 무엇이 부족한지 파악하기 위하여 훈련받으면, 심리적 영양분을 공급하는 방식으로 아동에게 대응하는 방법을 찾게 된다. 어른이 핵심 욕구 4C를 제공할 수 있고 기꺼이 제공할 때까지 아동은 변화하지 않을 것이다. 가정과 교실에서 소속감은 필수이다. 부모와 교사로부터 격려받는다고 느낄 때 아동은 학교생활을 잘할 수 있다. 모든 아동은 자신을 믿어 주는 사람을 필요로 한다.

모든 행동은 아동에게서 비롯된다. 아동은 핵심 욕구 4C를 가지고 있거나, 핵심 욕구 4C를 달성하려고 노력하고 있거나, 핵심 욕구 4C를 가지고 있지 않다. 인간은 소속감이 필요하며, 단절감, 부적절함, 불필요함, 열등감을 느끼는 아동은 자신이 느끼는 고통을 반영하는 방식으로 행동한다. 이는 진정한 심리적 고통이다.

앞에 제시된 사례의 교사들이 아동의 욕구에 관한 훈련과 이해가 있었다면, 더 격려하는 반응을 선택했을 것이다. 아동이 교사와 좋은 관계를 맺을 때 학교생활을 더 잘할 것이다. 이러한 교사는 보통 아동의 강점을 찾아내어 용기를 북돋는 방법을 알고 있다.

낙담한 네 가지 목표 행동에 대한 전략

앞의 사례에서 네 명의 아동이 연필 깎기를 통해 각각 다른 목표를 달성하기 위한 전략은 다음과 같다.

관심 끌기를 추구하는 아동

이때 교사는 이 아동에게 주의를 기울이지 않는다. 시험이 끝난 후 교사는 문 옆 테이블에 여분의 연필이 있다고 학급에 알려 줄 수 있다. 교사는 이 학생에게 시험지를 나눠 주는 것과 같은 유용한 일을 통해 관심을 줄 수 있다.

힘을 추구하는 아동

교사가 연필깎이 쪽으로 가서 이 아동에게 연필 두 자루를 대신 깎아 달라고 부탁한다. 그 아이는 요청을 거절할 수도 있지만 괜찮다. 교사는 강압적인 태도를 피했고, 아이가 거절하더라도 전혀 화가 나지도 않는다. 교사는 이 아동에게 물품 관리나 옷장 잠그기 같은 권한을 부여하는 방법을 찾을 수도 있다. 교사는 이 아동과 싸우거나 화내지 않는다.

복수하기를 추구하는 아동

교사는 이 아동에게 다가가 "네가 시험을 치를 준비하는 모습을 보니 기쁘다."라고 말할 수 있다. 분노도 없고 처벌을 하려는 마음도 없다. 이 학생은 일주일에 한두 번 훨씬 어린 학생을 개인지도하도록 요청받을 수도 있다.

부적절함 드러내기/회피하기를 추구하는 아동

교사가 아동에게 가서 말한다. "시험에서 한 문제를 골라서 무엇을 묻는지 알아보자." 이 아동은 도움이 필요하지만, 교사는 창의적으로 도움을 제공해야 한다. 교사는 이 아동이 장애가 아니라 낙담하고 있음을 확신해야 하며, 다른 교사와 학급의 학생에게 이 아동이 능력이 있음을 확신시켜야 한다. 교사는 이 아동이 흥미를 가질 만한 주제를 제시해 주고, 그걸 통해 자신감을 키울 수 있도록 도와줄 수 있다. 또 아이가 외우고 있는 내용과 관련된 질문을 시켜서 답하게 할 수도 있다. 이 학생은 훨씬 어린 학생을 가르칠 수도 있으며, 두 학생 모두에게 도움이 될 수 있다. 한 학생은 고학년 학생의 도움과 관심을 받고, 한 학생은 자신감과 자기 존중감을 얻을 수 있다.

목표를 없애려는 시도는 하지 않는다. 그러한 어른의 접근 방식으로는 성공할 수 없다. 아동의 목표를 없앨 수는 없지만, 유용하고 필요로 하며 가치 있게 되는 기회를 제공함으로써 확실하게 재정향할 수 있다.

핵심 욕구 4C를 다루는 추가 전략

관심 끌기

- **교실**: 학생에게 칠판에 과제를 적고, 반 친구들에게 시험지를 나눠 주면서, 공지하도록 부탁한다.
- **가정**: 아동에게 장보기 목록을 작성하게 하며, 필요한 물건이 무엇인지 다른 사람에게 물어보고, 각 사람에게 후식을 제공하며, 집안일을 돕도록 한다.

힘겨루기

- **교실**: 학생에게 학습 준비물 캐비닛 열기 및 잠그기, 학생들의 물품 수거하기 등의 역할을 맡긴다. 특정 활동에서 보조 교사가 되는 책임 있는 일을 준다.

• **가정**: 문 잠그기, 무거운 물건 나르기, 가족 일정표 관리하면서 변경 사항 업데이트 담당하기 등의 책임 있는 역할을 맡긴다. 그리고 이 아이와는 싸우지 않도록 한다.

복수하기

• **교실**: 학생의 강점과 재능에 집중하고 이를 격려하는 방식으로 어떻게 활용할 수 있는지 살펴본다. 이 학생에게 어려운 사람(신체적 장애가 있는 학생이나 도움이 필요한 어린 학생)을 돕도록 요청한다. 학교 상담자가 운영하는 집단, 다른 학생을 돕는 집단 또는 학생이 다른 사람에게 도움이 필요하다고 느끼게 하는 모든 활동에 참여하게 한다.

• **가정**: 처벌하지 않으며, 강점을 찾고, 고통의 원인을 파악하며, 가능한 경우 교정하는 방법을 찾는다. 이러한 아동을 돕는 데는 그들이 사랑받고 소중히 여겨진다는 것을 보여 주는 긴 과정이 필요하다. 이러한 가족은 전문적인 상담을 통해 도움을 받을 수 있다.

부적절함 드러내기/회피하기

• **교실**: 큰 과제를 작은 부분으로 나누어 학생이 성공할 수 있도록 한다.

• **가정**: 강점을 찾고 부모가 필요로 하는 도움을 아동에게 요청한다. 이러한 아동은 자신의 능력과 강점을 깨닫도록 천천히 이끌어 주어야 한다.

아동이 교사의 행동에 대해 불평할 때 부모를 위한 한 가지 제안은 어려움을 인정하고 아동이 교사에게 어떻게 영향을 미치는지 고려하는 것이다. 학교 측의 처벌에 대해 문제 제기를 해야 하는 상황이 아니라면, 아이가 앞으로 비슷한 상황을 잘 풀어 갈 수 있도록 문제 해결 방법을 함께 고민하고 훈련해 주는 것이 훨씬 더 고무적이다.

아동이 시간 관리에 어려움을 겪는 경우, 부모가 학습 시간을 정하고 조용한 공간을 제공하는 데 도움을 줄 수 있다. 아동이 교재를 학습하거나 학습 기술 개발에 어려움을 겪는다면 개인 과외를 제공하는 것이 더 도움이 될 것이다. 개인 교사는 보통 바쁜 부모보다 더 인내심을 갖고 격려해 준다. 부모가 교사라 하더라도 자신의 자녀에게 항상 최고의 개인 교사가 될 수는 없다.

학업은 자녀의 책임이며, 부모가 질문에 답하거나 프로젝트에 관심을 보이는 것 이상으로 개입하면 종종 힘겨루기가 된다. 자녀의 학업에 관여하는 것은, 하나 이상의 핵심 욕구 4C가 결핍된 근본적인 문제를 해결하지 않은 채 비판이나 분노를 통해 자녀를 낙담시키는 길을 걷게 하는 경우가 많다.

다음을 생각해 보자.

- 아동은 다른 사람에게 상처받고, 자신이 평가절하되었다고 느낀 적이 없다면 다른 사람에게 상처를 주려고 할까?
- 아동이 열등감을 느끼지 않고, 공부에서 성공할 수 있다는 자신감을 가지고 있다면 과연 스스로 공부를 포기하거나 학교를 그

만두려 할까?

- 처벌이 행동에 앞서 더 많은 감정을 만들어 낸다는 사실을 보지 않고, 처벌이 행동 문제에 대한 해답이라고 정말로 믿는가?

마음 들여다보기 질문

자녀를 성공적으로 다루는 방법을 찾고 있는 부모에게 한 가지 중요한 제안은 먼저 다음 신념을 받아들이라는 것이에요.

나는 다른 사람을 바꿀 수 없어요.
심지어 나의 자녀도!

하지만……

자녀의 욕구에 부합하는 방식으로 자녀의 행동에 대한 나의 반응과 대응은 다음과 같이 바꿀 수 있어요.

- 유대감을 느끼도록 하기
- 유능감을 느끼도록 하기
- 가치감을 느끼도록 하기
- 용기를 길러 주기

아동이 어른이 되는 과정에서 생존하고 번영하는 데 필요한 심리적 영양분을 제공해야 해요.

당신에게는 어떤 생각이 떠오르나요?

만약 잘못된 행동의 네 가지 목표 중 하나라도 관찰되면, 어른은 즉시 자신들이 중단해야 할 행동을 파악하고 아동이 삶의 유용한 측면에서 목표를 찾는 데 더 도움이 될 수 있는 일에 집중하는 것이 필수적이다.

보이는 행동이 문제가 아니다.
그것은 아동에게 있는 문제에 대한 해결책이다.
문제는 핵심 욕구 4C 중 하나 이상이 결핍되었다는 것이다.

이러한 아동을 명명해야 한다면, 이름표는 **'소속감을 얻기 위한 노력'**과 같다.

집은 당신이 사는 곳이 아니라 당신을 이해해 주는 사람들이 있는 곳이다.
— 크리스티안 모르겐슈테른 Christian Morgenstern

개인심리학은 이해의 심리학이다. 어른으로서 우리의 삶에서 아동의 행동을 이해하고 무조건적 사랑을 베풀며, 아동의 강점을 인정하고, 가능한 한 다양한 방법으로 아동의 자율성을 지지하는 것이 우리의 역할이다.

제 6 장

원하지 않는 행동에 대응하기

훈육을 어떻게 해야 하는가

핵심 욕구 4C를 통한 문제 해결하기

훈육discipline이란 무엇인가? 부모가 판단하기에 아동이 잘못하거나 버릇없거나 무례하거나 상처를 준다고 판단되는 행동을 할 때, 어떻게 해야 하는가?

훈육은 종종 처벌과 같은 의미로 사용되는 단어이므로 훈육의 정의부터 알아보자. 'disciple'이라는 단어는 '학생'을 의미하는 라틴어 'discipulus'에서 유래했다. 'discipline'이라는 단어는 '교육과 훈련'을 의미하는 라틴어 'disciplina'에서 유래했다. 즉, 학생은 가르침과 훈련을 받는 사람이다.

처벌은 과거를 다루며 화를 동반하고 아동에게 분개한 마음을 갖게 한다. 훈육은 미래를 다루며 인내가 요구된다.

훈육은 표준 체제를 연구하고, 배우며, 훈련하고, 적용하는 것이다. 사회가 작동하려면 훈육이 필요하다. 법, 규칙, 질서가 없다면 사회는 혼란에 빠질 것이다. 우리가 차를 타고 여행을 가기로 했는데 정지 표지판, 신호등, 속도 제한이 없다고 상상하면 분명해진다. 물 위에 있는 길고 높은 교량에 보호장치가 없다면 안전하게 진입할 수 없다.

운동 경기에는 반드시 지켜야 하는 규칙이 있다. 모든 팀 선수는 규칙을 알고, 규칙을 따르지 않으면 어떤 일이 벌어지는지를 알고 있다. 가족은 각자가 같은 편에서 경기하는 팀과 같아서 가정의 조화를 위해 협력한다. 생활에서 훈육의 중요성은 무시할 수 없으므로 각 가정에는 모두가 따라야 하는 규칙이 필요하다. 규칙은 안전, 존중, 협력을 위해 개발된다. 아동이 다른 사람들과 상호작용할 때 무엇이 옳고 무엇이 그른지 알 수 있도록 사회적 행동을 가르치고 훈련하는 것이 어른의 역할이기 때문에 훈육이 필요하다.

부모 교육 전문가인 린다 제섭Linda Jessup은 훈육의 목적에 대해 다음과 같이 정의한다. "훈육이란 교정, 강화, 성장 또는 향상을 위한 교육 또는 훈련이다. '훈육하기'는 주어진 기준에 따라 가르치고, 경험하고, 연습함으로써 자기 훈육의 성장을 최종 목표로 삼아 발전시키는 것이다."[24]

자기 훈육: 자신의 감정을 통제하고 약점을 극복하는 능력, 포기하고 싶은 유혹에도 불구하고 옳다고 생각하는 것을 추구하는 능력

자기 훈육과 올바른 판단력이 없으면 삶의 여러 영역에서 무절제하게 된다(과도한 지출, 음주, 음식 섭취, 약물 복용, 도박, 분노, 도벽, 거짓말 등). 훈육 없이 아동을 양육하는 것은 아동에게 핸들과 가속 페달은 있지만 브레이크가 없는 자동차를 주는 것과 같다.

아동의 행동이 부적절해 보이고 어른의 관심을 요구할 때, 어른은 그 행동을 어떻게 해석하는가? 이 아동은 처벌받아야 할 만큼 잘못했는가? 아니면 이 행동이 함께 해결해야 할 문제로 보이는가?

	문제 해결	처벌
정서	차분함, 친절함	분노
행동	동의 구하기	상처 주기
목적	책임 공유	통제(결과 경험하기)
가르침	협력 자기 훈육 내적 기준	독단적인 힘 외적 통제 소재

문제 해결은 논리적 연관성이 있고 아동을 존중하는 방식이어야 한다. 아동은 그 결과를 경험한다. 문제 해결에는 화를 낼 필요가 없다. 어른이 화를 내면 아동은 그 반응을 처벌로 해석할 가능성이 크다. 『절대로 화내지 말라Never in Anger』(1970)의 저자인 인류학자 진 브릭스Jean Briggs는 이누이트Inuit 부족 공동체에서 아동이 정서를 관리하는 방법을 배우도록 돕기 위해 사용하는 침착한 기술을 설명했다. 그녀는 어린 아동에게 소리를 지르거나 고함치지 않는 '한 가지 황금률'을 발견했다. 그녀는 "그 공동체에는 놀라울 정도로 평온함이 가

득하다."라고 언급했다. 어린 아동과 작업할 때는 가르치고 훈련할 필요가 있다. 어린 아동은 배우고 실험하며 능력을 키워 나가고 있다. 이러한 행동은 잘못된 행동이 아니다. 그들은 기술을 발전시키고 사용하는 방법을 알아내려고 노력하는 아동들이다.

질문은 항상 다음과 같다. '아동에게 필요한 것은 무엇이며, 우리는 어떻게 이러한 욕구를 채울 수 있을까?'

원하지 않는 행동은 부모에게 가르칠 기회를 주고 아동에게는 배울 기회를 준다.

일부 행동은 훈련이 거의 또는 전혀 필요하지 않다. 사람들은 **자연적 결과**에서 가장 잘 배운다. 현대 생활에서 많은 자연적 결과가 사라졌다. 우리의 조부모나 증조부모 중에는 농촌에서 생활하셨던 분들이 있었을지도 모른다. 달걀을 모으지 않고, 나무를 집으로 운반하지 않으며, 젖소의 젖을 짜지 않으면 즉각적이고 명백한 결과가 뒤따랐다. 부모가 자녀가 불편하지 않도록 모든 노력을 기울일 때 대개 자연적 결과는 종종 사라진다. 자주 잊어버리는 아동 뒤에는 대개 정기적으로 상기시켜 주는 부모가 있다. 이러한 아동은 기억하고 상기하는 것이 부모의 역할이라고 배운다. 따라서 무언가를 잊어버리면, 이는 '상기시키지 않은 부모의 잘못'이라고 여기게 된다. 이것은 삶에서 필요한 훈련이 아니다.

간섭하지 않고 행동의 자연적 결과를 허용하는 기회를 만들라. 자연적 결과에서 아동은 불편함을 느낄 수 있지만 처벌받거나 변명하지 않는다.

아동이 장난감을 망가뜨린 경우, 아동이 돈을 절약하여 다른 장난감을 사기로 하지 않는 한 장난감을 교체하지 않는다. 아동이 점심 먹는 것을 잊어버린 경우, 놓친 점심 식사는 앞으로 어떻게 해야 할지 생각해 볼 수 있는 좋은 방법이다. 식사가 주어졌을 때 아동이 먹고 싶지 않을 수 있으며, 다음 식사 전에 배가 고플 수 있으므로 아동이 먹을지 말지 결정할 수 있도록 압박하지 않는다. 아동은 간식이나 과일 조각이 어디에 있는지 알고 있으므로 혼자서 해결할 수 있다. 이처럼 자연적 결과는 훌륭한 배움이 된다. 예를 들어, 장난감을 치우지 않으면 잃어버릴 수 있고, 밥을 먹지 않으면 다음 식사 전까지 배가 고플 수 있으며, 세탁 바구니에 넣지 않은 옷은 입고 싶을 때 입지 못할 수 있다.

부모가 자연적 결과에 대해 훈계하거나 간섭할 이유가 없다. 말하거나 훈계하면 실제로는 자연적 결과가 처벌로 바뀌고 학습 경험이 사라진다.

지나치게 말하거나 훈계하거나 과도한 표현은 다음과 같이 들릴 수 있다.

- "너는 장난감을 좀 더 조심해서 사용해야 했어."
- "내가 아침 식사를 차려 줬는데 왜 안 먹었어?"
- "너는 다른 셔츠가 많으니까 그 셔츠는 필요 없어."

대신, 어른은 공감을 표현할 수 있는 기회로 활용할 수 있다.

- “그 장난감을 그리워하는구나.”
- “점심 식사는 곧 준비될 거야.”

때로는 아동이 부모에게 문제를 해결해 달라고 요청함으로써 자연적 결과를 회피하려고 할 수도 있다.

아이: 오늘 파란색 셔츠를 입고 싶었는데 더러워요.

부모: 실망했겠구나.

아이: 오늘 정말 입고 싶었어요.

부모: 그랬구나.

아이: 저 대신 빨아 주실 수 있어요?

부모: 가족끼리 합의한 거 알고 있잖아. 나는 세탁 바구니에 있는 것들을 화요일과 토요일에 세탁한단다.

아이: 거기에 넣는 걸 깜빡했어요.

부모: 화요일까지 다른 방법을 생각해 볼 수 있겠니?

아이: 다른 셔츠를 고를 수도 있지만, 오늘은 이 셔츠가 진짜 입고 싶어요.

부모: 다른 해결책은 없니?

아이: 세탁기 사용법을 알려 주시면 제가 직접 세탁할 수 있어요.

부모: 당연히 알려 주지. 한 시간 정도 시간이 있어. 손세탁 방법을 배우고 싶니, 아니면 세탁기 작동법을 배우고 싶니?

아동이 요청하는 경우 아동에게 세탁기 작동법을 가르치는 기회가 생긴다. 아동이 조작 패널에 손을 뻗을 수 있을 만큼 키가 크고(또는 발판이 있고) 일련의 지시를 따를 수 있다면 세탁기 작동법을 배울 준비가 된 것이다. 훈련은 셔츠 세탁 방법, 세탁물 분류 방법, 여러 종류 세탁물의 세탁 방법 등 몇 가지로 나눌 수 있다. 훈련은 매주 하루씩 가족의 빨래를 돕도록 초대하는 것으로 마무리할 수 있다.

자연적 결과가 효과적인 학습 방법이지만, 어떤 경우에는 효과가 없거나 그 결과가 너무 위험하거나 방임으로 이어질 수도 있다. 자연적 학습 방법이 없을 때는 어른이 훈련하고 가르쳐야 한다. 문제와 훈육을 핵심 욕구 4C의 발달에 공헌하는 해결책으로 다룰 수 있다. 부모교육 서적은 종종 논리적 결과를 가르치지만, 논리적 시작이라는 또 다른 고려 사항이 있다. 논리적 시작은 나중에 결과가 필요하지 않도록 하는 방법이다. 예방은 문제를 피할 수 있으므로 일반적으로 선호된다. 잘못된 행동으로 인한 불편이나 처벌로 이어지는 교정의 필요를 피할 수 있는 여러 가지 방법이 있다.

아동의 행동이 부모에게 문제가 되는 경우가 있다. 많은 부모가 직면하는 상황은 자동차 안에서의 행동이다. 두 명 이상의 아동이 자동차 안에 있는데 큰 소리로 말하거나 다투거나 소리를 지르기 시작하면 안전 문제가 발생한다. 부모가 이러한 상황에 직면하면 해결책이 필요하다. 이런 일이 발생하면, 부모는 자녀에게 앞으로 일어날 일에 관해 설명해야 한다.

부모: 오늘 점심 먹으러 나가기 전에 안전 문제에 관해 설명해야겠어. 운전 중에 소란이 심하면 주의가 산만해진단다. 도로, 정지 표지판, 신호등, 보행자를 주의 깊게 살펴봐야 해. 지금부터 내가 사용할 해결책은 이거야. 자동차 안에서 소란이나 고함이 시작되면, 차를 세울 곳을 찾아 소란이 멈출 때까지 기다릴 거야. 소란이 멈추거나 너희가 이제 가도 좋다고 말하면, 그때 다시 출발할 거야. 너희가 안전과 도로 위의 다른 사람들의 안전이 나의 가장 큰 관심사이므로 매번 이렇게 할 거야. 질문 있니?

아동에게 자동차 안전에 관해 이야기하는 것이 바로 부모의 역할이다. 아동에게 무엇을 해야 하는지 알려 주는 것이 아니라 부모가 무엇을 할 것인지 알려 주는 것이다.

왜 처벌이 답이 아닌가

처벌이 정말 효과적이라면 아동은 처벌받고 그 행동을 반복하지 않았을 것이다. 하지만 안타깝게도 아동은 종종 처벌받은 행동을 반복하는 경우가 있다.

엘리자베스 거쇼프Elizabeth Gershoff 박사에 따르면, "신체적 처벌이 아동의 행동을 변화시키는 효과적인 수단이라는 과학적 증거는 없다. 아동이 매를 맞은 후 더 나쁜 행동을 한다는 일관되고 광범위하며 설득력 있는 증거가 있다. 체벌은 아동이 어른이 되어서도 지속되는 행동 문제와 정신건강 문제를 일으킬 위험을 높인다는 강력하고 일관된 증거가 있다. 훈육이라는 명목으로 아동을 때리는 것은 어른이나 아동에게 도움이 되지 않는다. 아동을 가장 잘 보호하고 안녕을 증진하기 위해서는 신체적 처벌을 피하고 비폭력적인 형태의 훈육으로 대체해야 한다는 과학적 사실이 분명하다."[25]

부모가 자녀에게서 발달하길 바라는 특성을 나열할 때, 처벌 기법을 통해 지원하고 증진하는 특성은 거의 없다는 것을 알게 된다. 처벌은 당장 행동을 멈추게 할 수는 있지만, 미래에 더 나은 선택을 하는 데 필요한 기술을 아동에게 가르치지는 못한다. 처벌은 아동에게 고통을 주면 귀중한 교훈을 가르치는 것이라는 오래된 믿음과 관련이 있는 것 같다. 처벌은 좋은 교육 방법이 아니다.

처벌은 어떤 기능을 하는가

처벌은 혼란스러운 메시지를 전달한다. 처벌은 실제로 가르치기는 하지만 우리가 아동이 배우기를 원하는 교훈은 아니다. 처벌은 다른 사람을 제압하는 것에 대해 많은 것을 가르친다. 자녀에게 소리를 지르거나 때리는 방법은 부모가 자녀에게 소리를 지르거나 때리지 말라고 가르치는 방법으로 자주 사용된다. 어떤 행동을 통해 아동에게 그 행동을 절대 하지 말라고 가르치는 것은 비효과적인 교육 방법이다. 사실 처벌에 의존하는 것은 어른이 패배감을 느끼고 있다는 신호일 수 있다. 처벌은 어른의 훈계, 협박, 권리 및 특권 박탈하기, 소리 지르기, 신체적 반응과 같은 다양한 형태가 있다.

종종 처벌받았던 일을 회상해 보면, 처벌받은 사람이 배우게 되는 교훈은 걸리지 않도록 주의해야 한다는 것이다. 실제로 처벌은 단지 존중하지 않는 것만이 아니라 문제 해결을 방해하는 경우가 많다.

아주 어린 아동을 가르치려면 말을 적게 하고, 화내지 않고 행동하며, 일관된 반응을 보여야 한다. 소속감은 아동의 가장 근본적인 목표이다. 이것이 우리가 아동을 격리하거나 다른 사람들로부터 멀리 떨어뜨리거나 타임아웃을 위해 의자에 혼자 앉혀 놓지 않는 이유이다. 당신이 화나기 시작하거나 싸우고 싶다는 생각이 들 때는 잠시 자리를 비워 진정했다가 다시 돌아오는 것이 도움이 될 수 있다. 아동이 아니라 당신의 반응을 바꾼다. 당신은 아동에게 명령하는 대신 다른 행동을 할 수 있다.

어떤 사람은 어린 아동은 집중력이 짧아서, 부모가 말을 많이 하면 아동은 흥미를 잃고 귀 기울이지 않는다고 말한다. 더 나이 든 아동도 마찬가지이다. 배우자도 마찬가지이다! 말을 줄이고 행동으로 보여 주는 것이 모두에게 도움이 된다. 말보다 행동이 더 중요하다.

미취학 아동의 경우 부모는 가르치고자 하는 내용을 구체적으로 제시하고, 친절하게 응대하며, 일관성을 유지해야 한다.

같은 일을 반복해서 하다 보면 아동은 “내가 이렇게 하면 부모님도 매번 저렇게 하실 거야. 예전에는 우유를 쏟아도 부모님께서 다시 채워 주셔서 재미있었는데, 이제는 그렇지 않아.”라는 것을 깨닫기 시작한다. 아동은 꼭 부모의 말을 통해 배우는 것은 아니다. 그런 일이 생길 때마다 부모가 어떻게 행동하는지를 보면서 배운다.

무엇을 바꾸고 싶은지 결정하고 아동에게 당신이 무엇을 하려고 하는지 말한 다음, 말없이 실행하라.

예를 들면, 어린 아동이 식사 시간에 바닥에 음식을 던졌을 때, 효과적으로 대응하려면 당신은 어떻게 해야 할까?

- 우리는 이런 행동에 왜 어른의 대응이 필요한지 이해한다.
- 한 가지 변경 사항은 음식을 조금만 주고, 아동이 다 먹으면 또 다시 소량의 음식을 주는 것이다.
- 아동이 음식을 바닥에 던지면, 부모는 "다 먹었나 보네."라고 반응하면서 아동을 식탁 · 식사용 높은 의자에서 내려놓는다. 추가 대화는 하지 않는다.
- 아동이 다시 음식을 달라고 하면, 부모는 아이를 의자에 앉히고 이전처럼 조금씩 음식을 준다.
- 일관성이 중요하다. 아동이 음식을 던질 때마다 이전과 같이 반응하거나 "음식은 먹는 거야."라고 말하며 아동을 의자에서 내려놓고 아동에게 던진 음식을 주워서 부모에게 주도록 하고 "고마워."라고 말한다.
- 행동은 아동에게 말하는 것보다 더욱 중요하다.

화낼 필요는 없다. 부모는 매번 같은 단어를 사용하고, 같은 방식으로 반응한다.

아주 어린 자녀와 쇼핑하기

부모에게는 한두 명의 어린 자녀와 함께 쇼핑하러 가는 경우가 자주 있다. 이런 때야말로 논리적 시작을 고려해야 할 좋은 기회이다. 아동들에게 시간을 내어 쇼핑 목적을 설명하고, 아동이 도움을 줄 수 있도록 이야기한다. 아동은 돕고 함께하는 것을 좋아하므로 도움을 요청할 수 있는 또 다른 기회이다. 부모는 아동에게 무슨 일을 할 것인지 이야기하는 것으로 시작한다. “아침 식사 후 바로 마트에서 무엇이 필요한지 정할 거야. 우리가 먹고 싶은 음식에는 어떤 것이 있을까? 목록을 만들어 보자.” 아동은 계획 세우기를 돕는다. 우리는 함께 목록을 작성한다.

마트에 도착하면 아동에게 진열대에 있는 물건을 찾는 것을 도와 달라고 부탁하고, 목록에서 지우도록 한다. 매장에 아동용 카트가 있으면, 먼저 아동이 스스로 카트를 밀 수 있도록 훈련하는 것이 좋다. 사람이나 통로에 부딪히지 않고 매장을 다니기 위해 무엇이 필요한지 알려 주거나 아이디어를 구할 수 있다. 그런 다음 아동에게 한쪽 통로에서 연습하게 하고, 유용하고 안전한 일을 하나씩 알려 준다. 아동이 안전하고 책임감 있게 행동하는 데 어려움을 겪는다면, 지금은 너무 힘들 것 같으니 다음에 다시 해 보자고 침착하게 이야기한다. 아동이 훈련되면 물건을 골라서 카트에 담는 등 쇼핑을 도울 수 있다. 쇼핑하기 전에 놀이 활동을 포함하는 쇼핑 계획을 세우는 것도 좋다. 매장 근처에 있는 공원에 들러 15분 정도 함께 놀다가 매장에 가서 목록에 있는 모든 품목을 찾아볼 수 있다. 이렇게 하면 나들이 전체가 재미있는 일처럼 느껴질 수 있다. 또는 집에 도착하자마자 함께 즐길 수 있는 일을 목록에 넣는 방법도 있다. 이는 우리가 아동과 함께할 때 핵심 욕구 4C를 훈련하고 일상적인 일을 즐기는 방법이다.

매장에서 아동이 요구하거나 방해하거나 화를 내기 시작하는 경우가 있다. 이때는 부모가 쇼핑을 계속하기 어렵다는 것을 깨달아야 할 때이다. 부모는 단호하고 침착하게 "지금은 쇼핑하기에 좋은 시간이 아니구나. 집에 갔다가 내일 다시 오자."라고 말한다. 부모는 "왜 이렇게 말을 안 듣니?" "네가 쇼핑하는 것을 방해하고 있다는 걸 모르니?" "땅콩버터가 다 떨어졌는데 네가 말을 안 들어서 이번 주에는 땅콩버터가 없을 거야." "말 잘 들으면 과자 더 사 줄게."라며 아동을 탓하지 않는다. 대신 부모는 이러한 상황에서 계속 쇼핑하면 결국 아동을 질책하거나 비난하게 된다는 것을 알아차린다. 그러면 이 아동은 마트를 방문해서 좋은 시간을 보내고 돕는 사람이 되는 길을 배우지 못한다. 아동에게 가능한 한 자주 돕는 사람이 되는 기회를 제공하고, 한 팀이 되는 즐거움을 강조하면 더 나은 결과를 얻을 수 있다.

핵심 욕구 4C는 처벌하게 되면 처벌하는 사람과 친밀한 관계를 맺지 못하게 한다는 점을 상기시켜 준다. 처벌은 아동의 강점보다는 실수에 초점을 맞추므로 자신감을 키우지 못한다. 처벌은 아동이 문제를 해결하거나 친절해지는 대안적 방법을 찾는 데 도움이 되지 않는다. 처벌은 아동이 개인적인 가치나 중요성에 대해 더 좋은 기분을 느끼게 하지 않는다. 처벌은 아동에게 대안적인 행동을 가르치거나 미래에 사용할 기술을 강조하지 않는다. 처벌은 과거의 행동과 실수를 강조한다.

우리는 종종 어른이 할 수 있는 일보다 아동이 해야 할 일에 집중한다.

상황

한 7세 여자아이는 장난감이 많은데 장난감을 정리하지 않는다. 장난감이 사방에 널려 있다. 어른은 아동의 관점에서 상황을 볼 수 있다. 아이들 중에는 장난감이 너무 많아서 어디서부터 어떻게 정리해야 할지 막막하게 느끼는 경우가 많다. 어른은 함께 정리하자고 제안하면서 문제 해결을 도울 수 있다.

- 어른은 장난감 상자를 사자고 제안하거나 아동에게 도움을 받아 상자를 만들자고 제안할 수 있다.
- 어른은 아동에게 어떤 장난감을 많이 가지고 노는지 물어보고 쉽게 꺼낼 수 있게 장난감 상자에 넣는다.
- 어른은 아동이 어떤 장난감을 가지고 노는지 물어보고 장난감을 위한 선반을 준비할 수 있다.
- 어른은 아동이 어떤 장난감을 가지고 놀지 않는지 확인하고 가족 중 더 어린 아동이나 장난감이 없는 가족에게 주는 것을 아

동과 함께 계획한다. 부모와 아동은 함께 장난감을 정리할 수 있다. 어른은 그런 장난감은 더 어린 아동을 위한 장난감이고 이제 아동은 많이 컸다는 점을 강조할 수 있다. 아동이 동의하지 않을 수도 있으므로 다른 아동에게 한두 개의 장난감을 줌으로써 아동이 얼마나 행복해질 수 있는지 보여 줄 수 있다.

- 그 후 아동이 장난감을 놓고 나갈 때마다, 어른은 장난감을 주워서 쉽게 접근할 수 있는 옷장 안의 상자에 넣어 둔다. 아동이 장난감을 잃어버린 경우, 아동은 그 상자에 가서 다시 가져올 수 있다(어른은 그 장난감을 숨기거나 원래 있던 곳에 두지 않는다. 어른은 훈계, 상기시키거나, 처벌하지 않고, 장난감을 주워 아동이 언제든지 다시 찾을 수 있는 곳에 놓아둠으로써 지저분한 방을 정리하고 있다).

마음 들여다보기 질문

자신이 한 일로 인해 처벌받았던 때와 그 후의 일을 기억해 보세요. 부모님이나 선생님은 그 처벌을 통해 당신이 무엇을 배우기를 원하셨나요? 실제로 무엇을 배웠나요? 처벌받으면서 그 어른과 더 친밀해졌나요?

왜 칭찬이 답이 아닌가

자녀의 잘못된 행동에 대한 부모의 다른 반응으로 처벌만큼 효과적이지 않은 것은 부모가 항상 통제권을 행사할 수 있도록 '좋은' 행동에 대해 보상하는 것이다. 부모는 자녀가 인정과 보상을 받기 위해 무엇을 해야 하는지 결정한다. 보상은 아동에게 '나에게 무엇이 이익이 되는가?'에 집중하도록 가르치는 매우 이기적인 태도이다. 보상을 주면 누가 더 잘하는지 다른 사람과 경쟁하는 반응을 보일 수 있다. 그러면 아동은 더 나은 사람이 되기 위해 노력한다는 생각에서 다른 사람보다 더 나은 사람이 되기 위해 노력한다는 생각으로 바뀌는 경우가 많다. 이러한 사고방식은 종종 다른 사람을 배려하지 않고, 친구를 잃고, 더 이상 협력에 관심을 기울이지 않는 것과 결합한다. 삶의 모든 문제에는 협력하는 능력과 의지가 필요하다.

다른 통제 반응으로는 아동에게 타임아웃을 하는 것, 즉 아동을 내쫓고 그 과정에서 관계를 끊는 방법이다. 그리고 칭찬이 있다. 칭찬을 사용하는 부모는 아동을 다른 사람의 의견에 의존하도록 훈련하고 있다. 칭찬은 보상이며, 그 사람에게 집중한다. 아동에게 용기를 심어 준다는 것은 아동이 한 행동에 집중한다는 의미이다. 기분 좋은 말을 듣는 것은 즐거울 수 있지만, 의견은 의견일 뿐이고 사실이 아니라는 것을 아동이 기억하기를 원한다. 칭찬은 판단의 한 형태로 매우 낙담한 아동에게는 어른이 칭찬거리를 찾을 수 없기 때문에 종종 사용할 수 없다. 이러한 모든 방법은 아동이 스스로 생각하고 동의하지 않거나 자신의 감정과 신념을 설명하는 것을 허용하지 않는다.

칭찬 사용에 대한 주의 사항

- 칭찬은 그 사람을 강조한다. "넌 착한 아이구나."
- 격려는 그 행동과 한 일을 강조한다. "정말 열심히 했구나."
- 칭찬은 성취도가 높을 때만 효과가 있다. 격려는 항상 효과가 있다.
- 칭찬이 가장 필요할 때 칭찬은 효과가 없다. 아동은 매일 격려가 필요한데 칭찬할 일이 없을 수도 있다. 칭찬이 가장 필요할 때, 칭찬은 오히려 아동에게 실망을 안겨 줄 수 있다.

더 나은 방법

삶에서 절대적인 것은 거의 없으며, 있더라도 한 가지 방법만을 요구하는 상황도 거의 없다. 타임아웃이 필요한 때가 있지만, 그것은 아동이 아니라 부모를 위한 것이다. 부모가 화가 나서 자녀에게 소리를 지르거나 모욕을 주거나 무례하게 대할 때, 부모는 타임아웃을 하고 그 상황을 벗어나 계단이나 복도 같은 장소를 찾아 분노가 사라질 때까지 앉아 있어야 한다. 자녀는 부모가 혼자 앉아 생각하는 것을 볼 수 있다. 자녀가 부모에게 무엇을 하고 있는지 묻는다면 화가 난 상태여서 일단 진정한 다음에 다시 이야기하려고 타임아웃을 하고 있었어."라고 솔직하게 말한다.

'논리적 시작'의 또 다른 형태는 아동에게 많은 선택권을 주는 것이다. 이는 "너는 반드시 ~해야 해You have to~, You must~, You should~, You ought to~."와 같은 일반적인 통제 단어를 사용하지 않고 협력을 유도하는 방법이다. 부모가 제공하는 모든 선택은 허용되며, 제한 내에서 자녀에게 어느 정도의 자유를 가르친다. 부모는 "언제 자고 싶니?" "양치할 거야, 안 할 거야?" "오늘은 학교에 갈 거야?"라고 말하지 않는다. 다음과 같이 선택권을 제공할 수 있는 기회를 찾는다.

- "잠자리에 들 시간을 8시로 할까, 8시 15분으로 할까?"
- "파란색 잠옷을 입을래, 아니면 스파이더맨 잠옷을 입을래?"
- "양치질을 목욕 전에 할래, 목욕 후에 할래?"
- "욕조 목욕을 하고 싶니, 그냥 샤워하고 싶니?"
- "식기세척기에 그릇을 채우고 돌리는 걸 할래, 아니면 다 된 후에 그릇을 정리할래?"
- "강아지에게 밥을 먼저 줄래, 아니면 먼저 옷을 입을래?"
- "이번 주 집안일 중 하나를 직접 고를까, 아니면 제비뽑기로 정할까?"

각 예시에서 아동이 어떤 선택을 하든 괜찮다. 부모가 "당근 먹을래, 아이스크림 먹을래?"라고 묻는 것이 아니다.

"저녁 8시에 자고 싶니, 아니면 11시에 자고 싶니?" 이렇게 물어보는 것은 안 된다. 선택지는 항상 받아들일 수 있는 범위 안에서 주어져야 한다.

제한 내에서 선택권을 준다는 것은 우리가 모든 사람의 주인이 아니며, 모든 사람이 원하는 시간에 원하는 것을 해야 한다고 결정하지 않는다는 것을 의미한다. 책임감 있는 부모가 되기 위하여 존중하는 방법을 찾을 때 이러한 태도는 아동에게 실제로 효과가 없기 때문이다.

질서를 가르치고 일상을 정하는 것이 우리의 역할이다. 가족은 집안에서 해야 할 모든 집안일 목록을 작성하고 모두가 선택할 수 있다. 일부 가족은 구체적인 완료 시간을 보여 주는 집안일 표를 만든다. 선택권을 갖고 자신이 선택한 일 옆에 자신의 이름을 적는 것은 힘을 실어 준다. 한 사람이 집안일을 미리 할당하는 대신에 가족 구성원 각자가 집안일을 제비 뽑기 통에서 선택하고, 모두가 자신이 뽑은 일에 놀랄 수 있도록 한다.

이름	선택한 집안일	완료 시간
제인	식기세척기 준비 및 작동	모두 저녁 식사를 마쳤을 때
샘	반려동물에게 먹이 주기	아침 등교 전과 저녁 식사 전

또 다른 방법은 한 가족 구성원이 그날 해야 할 일의 목록을 작성하고 사람들에게 그날 할 일을 선택하도록 초대하는 것이다. (아이에게 도전이 될 만한 도구를 써야 하는 좀 더 어려운 과제들을 추가해 보

는 것도 좋다. 그런 건 아이들에게 흥미롭고 신날 수 있다.)

매일 우리는 우리 집을 가족 모두가 살기 편안한 집으로 만드는 데 기여하는 일을 한다.

우리는 모두 자신이 필요하다고 느낄 필요가 있다. 아동은 공동체에 소속되고 가족에 기여하는 기쁨을 경험할 필요가 있다.

아동에게 줄 도움이 되는 메시지는 행복은 빠른 해결책에서 오는 것이 아니라는 것이다. 모든 것을 다 가졌지만, 마약에 의존하는 사람들이 있다.

왜 그럴까? 자신이 필요하다고 느끼지 못하기 때문일까? 그들은 행복을 쾌락, 즉 빠른 해결책과 맞바꾸고 있다. 상황은 점점 더 나빠진다. 이들에게는 공헌하기를 통해 얻는 기쁨이 필요하다.

집안일을 하지 않으면, 아동이 자신을 유용하게 여기고 기술을 키우는 많은 기회를 놓치게 된다. 그래서 아이에게 "우리 집을 편안하고 행복한 곳으로 만들기 위해서 함께 노력하기를 원하니?"라고 물을 수 있다.

작업을 완료할 시간, 즉 제한을 설정하는 것이 유용하다. 예를 들면, 아동은 아침 식사 전과 저녁 식사 전에 반려동물에게 먹이 주기를 선택하고 동의했다. 이는 아동이 식사하러 식탁에 오면 이미 반려동물에게 먹이를 주었다는 것을 의미한다. 반려동물에게 먹이를 주지 않으면, 음식이 제공되지 않는다. "반려동물이 먼저, 사람이 나중에." 아동이 집안일을 하는 시간에 이미 동의했기 때문에, 논쟁이나 힘겨루기의 가능성을 없앴다.

가족 구성원	과제	빈도
부모	저녁 식사 준비	일요일과 월요일
부모 + 자녀 1	저녁 식사 준비	화요일
자녀 1 + 자녀 2	저녁 식사 준비	수요일
부모 + 자녀 2	저녁 식사 준비	목요일
부모	주문하고 가져오기 포장 주문 저녁 식사	금요일
모두	피자의 밤	토요일

집안일을 하기로 한 가족 구성원이 자신이 선택한 시간에 집에 없는 경우, 그 문제를 해결하는 것은 해당 구성원의 책임이다. 가족 중 누군가가 집안일을 맞바꿀 의향이 있을 수도 있고 다른 해결책을 고려할 수도 있지만, "실습이 있어서 내일 집안일을 할 수 없어요."라고 말하는 것만으로는 충분하지 않다. 해야 할 일을 끝내지 않고 넘기는 건 선택 사항이 아니다.

훈육은 우리 모두 생존하고 번영하기 위한 구조이다. 핵심 욕구 4C를 적용하면 자기 훈육을 개발하고 강화할 수 있다. 다음은 아동이 자기 훈육을 발달하도록 훈련하고 격려하는 데 도움이 되는 몇 가지 질문이다.

- 우리는 해결책으로서 협력을 가르치길 원하는가, 아니면 힘을 가르치길 원하는가?

- 우리는 걱정을 표현할 것인가, 아니면 분노를 표현할 것인가?
- 우리는 아동이 행동과 결과의 연관성을 이해할 수 있도록 행동과 관련된 해결책을 찾고 있는가, 아니면 불쾌감을 드러내는 독자적인 처벌을 선택하려고 하는가?
- 우리는 미래와 그에 대해 무엇을 할 수 있는지를 기준으로 선택하고 있는가, 아니면 과거와 변화될 수 없는 것을 기준으로 선택하고 있는가?
- 아동을 존중하는 대화인가, 아니면 아동의 열등감을 키우는 말과 행동인가?
- 아동은 유대감과 대화를 통해 찾은 합리적인 해결책을 기억할 것인가, 아니면 부모가 내린 불공정하고 독자적인 결정으로 인해 상처받은 감정만 남게 될 것인가?
- 우리는 아동에게 자기 통제와 자기 훈육을 실제로 가르치고 있는가, 아니면 맹목적인 복종, 질문 없이 시키는 대로 하라고 가르치고 있는가?
- 핵심 욕구 4C를 적용하고 아동이 행동에 대한 책임을 질 수 있도록 훈련하고 지도하는 데 집중하고 있는가, 아니면 아이를 분개하게 하고 단절된 채로 방치하고 있는가?
- 우리는 아동이 스스로 결과를 '경험하도록' 허용한 것인가, 아니면 그 결과를 처벌처럼 느끼도록 일부러 '고통을 주는 방식으로' 적용한 것인가?

부모에게는 많은 책임이 있다. 부모는 자녀를 먹이고, 입히고, 훈련하고, 돌보고, 보살펴야 한다. 이것은 부모의 의무 사항의 일부이다. 부모에게 허용되지 않는 일도 몇 가지 있다. 어떤 어머니가 자녀가 어떤 일을 하고 싶다고 허락을 요청했는데, "그건 안 돼."라고 대답했다. 아동은 그들이 원하는 것은 무엇이든 하도록 부모가 허락한다고 생각하기 때문에, 그 대답에 놀라서 "무슨 말이에요?"라고 응답할 수 있다. 이 어머니는 "부모가 된다는 것은 많은 규칙이 따른단다. 그 규칙 중 하나는 자녀의 안전을 보장하는 것이기 때문에 우리는 그것에 대해 선택의 여지가 없어. 즉, 안전하지 않거나 위험하거나 불법이라고 생각하는 일을 네가 하게 해 달라고 요청했을 때 이를 허락하면 안 된다는 말이야. 예를 들면, 모든 사람이 안전띠를 착용하지 않으면 자동차를 운전할 수 없는 것처럼 말이지. 이것은 모두가 지켜야 하는 법이야. 법은 대개 모든 사람의 안전과 건강을 지키기 위한 목표를 가지고 있단다."라고 대답하였다.

핵심 욕구 4C를 통합하는 훈육 팁

- 신뢰와 상호존중을 바탕으로 아동과 관계를 형성하라.
- 긍정적인 것에 기반을 두고 부정적인 것을 최소화하라.
- 결정에 일관성을 유지하라. 비일관성은 아동을 혼란스럽게 한다.

- 아동이 자신의 행동과 학습에 더 큰 책임을 지게 하라.
- 아동이 독립을 당연하게 여기도록 안내하라.
- 완벽이 아니라 향상을 추구하라.
- 당신의 잘못을 인정하라. 아동은 당신의 정직을 존중할 것이다.
- 진심으로 말하고 요구는 적게 하라.
- 아동이 실수는 바로잡는 것이라는 걸 알 수 있도록 사건을 빨리 종결하고 다음으로 넘기라.
- 아동의 존재와 아동의 행동을 구분한다. 아동이 아니라 행동에 이름표를 붙이라.
- 미래 과제에 대해 협력적인 계획을 수립하라.

아동의 과거 행동보다 미래의 행동에 더 관심을 가져야 한다.

훈육을 결정할 때 어른을 위한 주의 사항

- 사소한 사건을 심각한 문제로 키우지 말라.
- 잔소리하거나 꾸짖지 말라.
- 아동의 잘못을 찾지 말라.
- 아동에게 무언가를 약속하도록 요구하지 말라.
- 위협을 하거나 앙갚음을 하지 말라.
- 착한 행동에 대해 보상하지 말라.
- 당신의 위신에 연연하지 말라.

어른이 할 것

- 아동을 존중하는 방식으로 관계하라.
- 상황을 다루는 강점을 지적하면서 아동의 능력을 확인하라.
- 아동에게도 성공적인 결과에 기여할 수 있는 기회를 줄 수 있도록, 함께 해결책을 만들라.
- 아동이 실수를 인지하고, 무엇을 해야 하는지 파악하고, 후속 조치를 하도록 자신감을 보이는 격려하는 방식으로 소통하라.

아이가 늦게 귀가하여 저녁 식사를 놓친 경우로 예를 들어 보겠다.

부모: 왔니? 저녁 식사 때 너를 기다렸어.

아이: 친구 집에 있었는데 친구랑 새로운 비디오 게임을 하느라 시간을 잊어버렸어요.

누나: 이번 주에 네가 선택한 할 일은 식탁 차리기였어. 우리는 모두가 널 기다렸고, 식탁이 차려지지 않아서 아쉬웠어.

아이: 죄송해요. 기억하려고 노력할게요. 남은 음식이 있나요?

부모: 냉장고를 확인해 봐. 설거지도 하렴.

질책할 필요는 없다. 저녁 식사를 놓치는 불편함은 아동이 겪게 되었고, 이 경우 아동은 그의 행동이 심각하지는 않지만 다른 사람들에게 영향을 끼친다는 것을 알게 되었으므로 더 이상의 언급이나 훈계는 필요하지 않다.

훈육은 개인에게는 개인적 차원에서, 사회에는 집단적 차원에서 각각 중요하다. 어떻게 하면 핵심 욕구 4C의 욕구를 충족하는 방법을 통해 아동을 훈육할 수 있을까? 그 첫걸음은 처벌이 어느 쪽에도 적합하지 않다는 것을 아는 것이다.

- 우리는 아동을 존중하는 방식으로 관계한다.
- 상황을 다루는 강점을 지적하면서 아동의 유능감을 확인한다.
- 아동이 성공적인 결과에 공헌하는 방법을 제안하는 해결책을 함께 개발한다.
- 아동이 실수를 파악하고, 무엇을 해야 하는지 확인하고, 후속 조치를 할 수 있도록 자신감을 보여 주는 격려하는 방식으로 소통한다.
- 무엇을 뺄 수 있는지가 아니라 무엇을 더할 수 있는지를 본다.

우리는 가족 구성원 모두가 손님이 아니라 구성원으로서 살기 때문에 집안일이나 과제를 완수하기를 기대한다. 가족에게 공헌하는 것을 기대하지만, 부모가 아동에게 무엇을 하라고 지시하는 것보다 선택권을 주는 것이 더 바람직하다.

마음 들여다보기 질문

어렸을 때 기억나는 처벌을 떠올려 보세요. 핵심 욕구 4C를 이용하여 자기 존중감을 유지하기 위해 당신이 받은 처벌을 다른 방법으로 처리할 수 있었을지 생각해 볼 수 있나요? 이 해결책은 소속감과 존중을 얻는 배움의 경험이 될 수 있을 것 같나요?

제 7 장

가족회의

핵심 욕구 4C를 동시에 길러 주는 방법

> 가족회의 목적은 가족의 삶을 개선하고, 서로 소통하며, 각자의 고유함을 기뻐하고, 소중히 여기며, 가치관의 모범을 보이고, 협력하며, 책임을 나누고, 타인을 돕는 것의 중요성을 가르치며, 자기 존중감을 기르고, 각 구성원과 관계 맺으며, 서로가 존재하는 것이 얼마나 큰 행운인지 아는 것이다.
>
> — 베티 루 베트너와 에이미 류[26]

왜 부모들은 귀중하고 한정된 시간을 매주 30분씩 더 쓰게 되는 활동을 추가하는 것을 고민할까? 많은 사람은 이미 시간이 너무 부족하다고 말한다. 일반 가정에서는 부모가 모두 일을 하는 경우가 많고, 요리, 청소, 빨래, 심부름, 도시락 싸기, 반려동물 돌보기, 학교 공부, 자녀 픽업하기, 약속 잡기, 장보기, 충분한 수면 등 가정이 효율적으로 기능하도록 하기 위한 시간이 부족하다. 이것이 전부가 아니다. 당신은 이 책을 읽을 시간은 어떻게 마련했는가?

이 책을 여기까지 읽었다면, 아동의 심리적 욕구가 무엇인지 알 것이다. 당신은 필수적인 기술인 핵심 욕구 4C를 잘 알고 있으며, 이러한 욕구를 충족시키기 위해서는 해야 할 일의 목록이 있다. 시간이 매우 많이 걸리는 것 같아서 지치고 낙담하게 된다. 우리는 더 많은 시간을 만들고 싶어 하지, 더 많은 시간을 요구하는 일을 추가하고 싶은 게 아니다. 자, 여기에 그 방안이 있다!

매주 20~30분 정도의 짧은 회의를 한 번 가지면, 한 주 동안 느끼는 과부하를 줄이고, 도움이 필요하거나 다음에 무엇을 해야 할지 혼란스러울 때 또는 다른 사람들에게 상기시켜야 할 때 상당한 시간을 절약할 수 있으며, 서로 여유를 가지고 즐길 수 있는 시간을 만들어 줄 것이다.

매주 아들러 가족회의를 추가하는 가장 훌륭하고 가치 있는 이유는 이 모임 안에 핵심 욕구 4C가 모두 포함되어 있기 때문이다. 가족회의에는 필수적인 기술이 모두 포함되어 있다. 또한 리더십 훈련의 추가 이점이 있으며, 아이들에게 어떻게 따라야 하는지, 어떻게 이끌어야 하는지, 그리고 언제 무엇을 해야 하는지를 보여 주는 본보기가 된다.

어른이 가족회의 시간을 이용해 아동에게 훈계하거나 어른의 생각을 강요하면 가족회의는 효과가 없다. 가족회의는 모두가 즐겁게 참여할 수 있는 단순한 형식이어야 한다.

강조하고 싶은 세 가지가 있다.

- 경쟁보다 **협력**을 우선하기
- 투표에 대해 배우기 전에 **합의**에 도달하는 방법 알아보기
- 실수 대신 **강점** 찾기

가족에게 가족회의를 자연스럽고 편안하게 소개하는 한 가지 좋은 방법은, 부모가 이번 주말에 시간이 좀 난다고 알리면서(가능하다면 사용할 수 있는 예산도 함께 이야기하며), 가족 모두가 함께할 수 있는 활동을 계획해 보고 싶다고 제안하는 것이다. 부모는 "우리 모두 모여서 토론할 수 있는 좋은 시간은 언제일까?"라고 물어볼 수도 있다. 토론은 모두가 가능한 시간에 열린다. 동의가 이루어지고 시간이 합의되면 부모가 브레인스토밍을 제안하고 가족은 제안 목록을 작성한다. 이 목록은 판단 없이 모든 제안을 수용한다. 목록이 완성되면 각 제안을 검토하여 가능한 날인지, 정해진 시간 내에 완료할 수 있는지, 비용이 정해진 금액을 넘지 않는지 등 설정된 기준에 맞는지 확인한다. 다음으로 각자가 가장 마음에 드는 제안을 선택하고 그 옆에 자신의 이름을 표시한다. 모두가 동의하면 최종 제안이 결정된다. 서로의 선택이 다르다면, 모두에게 차선책을 선택하도록 요청한다. 때로는 모두가 두 번째 선택에 동의할 수 있다.

모두가 동의할 수 있을 때까지 대화를 계속 유지한다. 부모는 모두에게 부담 없이 자신이 즐길 수 있는 무언가를 선택하라고 요청하

며, 아무도 정말 하기 싫은 일을 동의하도록 강요하지 않는다. 모두가 좋은 시간을 보내길 바라기 때문에, 누구든지 제안에 대해 거부권을 행사할 수 있도록 하는 것이 중요하다. 한 가지에 합의할 수 있다면 그 계획을 실현하기 위해 무엇을 해야 하는지, 누가 무엇을 할 것인지에 대한 계획을 세운다. 적절한 시간이 지나도 합의가 이루어지지 않으면, 부모는 일단 중단하고 선택한 날짜 전에 다시 만나서 가족회의를 하자고 제안한다. 투표하지 않고 모두가 동의할 때만 계획을 확정한다.

이 '즐거운 하루'가 끝나면, 누군가 이러한 회의를 매주 반복하자고 제안하고 동의를 구할 수 있다. 몇 가지 성공적인 계획이 완료되면, 부모는 주간 회의에 감사 인사 전하기를 추가하자고 동의를 구할 수 있다. 모두가 동의하면, 부모는 아이들 한 명 한 명, 그리고 서로에게 "고마워."라고 말한다. 그런 다음, 다음에 할 가족 활동 계획을 함께 정하고 실천한다. 이 두 가지 안건은 요일, 시간, 비용에 따라 일부 조정하여 계속 진행할 수 있다. 그 이후부터는 아동이 제기한 안건만 추가한다.

아이: 저에게 주어진 집안일이 항상 마음에 들지 않아요. 다른 집안일을 고르고 싶어요.

부모: 모두가 어떤 집안일을 하고 싶어 하는지 알 수 있도록 가족회의 안건으로 올려 보는 건 어떨까?

아이: 저녁 식사로 햄버거를 더 자주 먹고 싶어요.

부모: 식단을 짜는 데 도움이 될 만한 조언이 필요해. 그거, 가족회의에서 다루기 좋은 주제가 될까?

아이: 새 운동화가 필요해요. 제 운동화는 너무 꽉 끼거든요.

부모: 가족회의의 좋은 안건이 될 것 같구나. 필요한 물건이 무엇인지 파악하고 쇼핑도 계획할 수 있을 것 같아.

아이: 반려동물을 키우고 싶어요. 가족회의에서 요청해도 될까요?

부모: 가족회의는 질문하거나 요청하기에 좋은 시간이기 때문에 괜찮을 것 같아.

아동은 종종 가족 내 문제를 가지고 부모를 찾아온다. 예를 들면, "동생이 허락 없이 제 방에 들어와요." "동생이 제 물건이나 옷을 허락 없이 빌려 가요."이다. 이러한 논의도 모든 사람이 그 문제를 듣고 해결책을 제시할 수 있도록 안건에 '우려 사항'으로 추가할 것을 제안할 수 있다. 가족회의의 목적은 모든 사람이 우려 사항이나 기타 관심 사항을 가족과 공유할 수 있도록 하는 것임을 분명히 해야 한다. 고려할 수 있는 안건으로는 공지 사항 발표나 정보 공유, 개인적인 문제에 대한 해결책을 요청하는 것 등이 있다.

우리는 협력하는 집단임을 분명히 할 필요가 있다. 가족회의는 통제를 위한 무기가 아니라 함께 소통하고 성장하기 위해 잘 활용할 수 있는 도구이다.

이제 가족회의 속에 핵심 욕구 4C뿐만 아니라, 다양한 기술과 리더십 본보기가 포함되어 있다는 증거를 살펴보자.

우리는 원으로 둘러앉아 평등과 각자의 가치를 강조하며 관계를 맺고 있다. 이 가족회의에서 우리는 개인의 집합이 아니라 소속하고 서로를 위해 모인 한 집단이자 한 가족이다. 누구나 발언하도록 초대되고 모두의 의견을 들을 수 있으므로 모두 소통하고 있다. 우리는 돌아가면서 아이디어를 제안하고 있다. 우리는 경청해 주기를 바라기 때문에 다른 사람의 말을 경청한다. 아이디어를 공유하고 서로의 기술을 확인하며 제안하고 의견을 받아들인다. 서로에게 도움을 준 것에 대해 감사 인사를 전하고 구성원들은 참여하면서 자신감을 얻는다. 서로 경청하고 발언할 차례를 기다리면서 자기 훈육이 발휘된다.

가족을 위한 규칙은 가족회의에서 제안하고 결정할 수 있다. 어떤 규칙이 필요하며, 그 규칙의 목적은 무엇인가? 통제하기 위한 규칙인가, 아니면 안전감이나 존중감을 느끼는 데 필요한 규칙인가? 투표는 파벌을 만들 수 있으므로 가족회의에서 투표하지 않으며, 합의가 이루어질 때까지 토론이 계속되기를 바란다. 모두가 규칙에 동의한다. 예를 들어, 많은 가족이 '서로 존중하기' '서로 돕기'와 같은 규칙을 정해서 가족회의를 진행하곤 한다. 각자는 존중받고 싶고 필요할 때 도움받기를 원하기 때문에 이 두 가지 규칙은 쉽게 받아들여지는 것 같다. 이 두 가지 규칙만 있어도, 누군가가 존중받지 못했다고 느꼈거나, 어떤 제안이 도움이 되었다고 느꼈을 때 각자가 그것에 대해 이야기할 수 있다.

각 구성은 가족의 일원이므로, 각자 해야 할 집안일이나 가족이 함께해야 할 일을 하나씩 선택한다. 가족 모두의 참여가 필요하며, 집과 집 주변의 모습이 어떻게 보일지를 함께 책임진다. 모두가 공헌한다. 각자는 돌아가면서 가족회의를 이끌고 다음 회의에서 읽을 수 있도록 회의록을 작성한다. 이 작업은 나이와 능력 수준에 따라 누구나 할 수 있다. 4세 아동은 안건 그림([부록 1] 참조)을 보면서 리더가 될 수 있고, 초등학교 2학년은 몇 분간 회의를 진행할 수 있다. 또한 모두가 합의한 시간을 넘기지 않도록 한 사람이 시간 관리자가 될 수도 있다. 모두가 관심 있는 안건을 논의하기 위해 회의를 연장하는 데 동의하는 경우, 해당 주제에 시간을 얼마나 할당할 것인지에 대해서도 합의한다.

가족회의를 통해 식사를 계획하면서 협력의 중요성과 필요성을 깨닫게 한다. 한 번의 저녁 식사를 준비하는 데 온 가족이 필요할 수 있다. 누군가는 돈을 벌고, 누군가가 준비한 목록에 따라 한 명 또는 여러 명이 장보기를 하고, 누군가는 요리하고, 다른 누군가는 식탁을 차리고, 식기세척기에 또는 식기세척기가 없는 경우 싱크대에 그릇을 가져다 놓는다. 누군가는 식기세척기를 돌리고 누군가는 식기세척기를 비운다. 모두가 이러한 일상적인 일에 공헌한다.

엄마 한 사람이 다 하는 것이 아니다.

가족회의에서 우리가 해결해야 할 문제를 파악하면서 구성원이 준 도움과 아이디어에 감사를 표현하며 서로 격려하는 시간을 갖는다. 누구나 우려 사항을 제시하고, 실수한 부분과 그 실수를 통해 배운 점을 토론할 수 있다. 집단은 우려 사항과 문제에 대한 해결책을 논의하고 무엇을 해야 하는지 결정한다. 교체, 수리, 비용 지불, 사과, 도움 제공 등이 필요한가? 누군가를 비난하거나 처벌하기 위한 것이 아니라 문제를 해결하기 위한 해결책을 선택한다.

고려할 규칙이 한 가지 더 있는데, 누군가 우려 사항을 제기하면 그 사람이 가능한 해결책 하나를 제시해야 한다는 것이다. 이 규칙의 목적은 아동에게 권리와 책임이 함께 따른다는 것을 가르치는 데 있다. 둘 중 하나가 없으면 다른 하나도 얻을 수 없다. 한 사람이 우려 사항이 있다면 이를 설명하고, 그 우려 사항을 해결할 수 있는 제안을 하나 이상 제시한다. 그런 다음 가족은 우려 사항과 제안을 논의하고, 합의에 도달할 때까지 다른 해결책을 제시할 수 있다. 처벌이 포함된 방법은 제외한 후에 해결책을 함께 고민한다.

가족회의는 협상을 규정하는 방법을 제공한다. 협상에는 우려 사항에 부합하고 모두가 동의할 수 있는 방법을 찾을 때까지 논의가 지속된다는 점이 포함된다. 협상은 타협과 같은 의미가 아니다. 타협은 때때로 '아무도 진정으로 원하는 것을 얻지 못한 경우'로 정의되기도 한다. 협상은 다르다. 우리가 원래 제안했던 것을 얻지 못할 수도 있지만, 계속해서 그 상황을 논의하면서 모두가 만족하고 동의할 수 있는 새로운 방법을 찾을 수 있다.

이러한 가족회의는 모든 종류의 가족에게 적합한 구조를 제공한다. 편부모, 혼합 가족, 위탁부모, 두 명 이상 함께 사는 모든 가정에 적합하다. 일부 가정에는 조부모나 다른 친척, 보모가 함께 산다. 모두 가족회의에 초대된다. 아들러 가족회의는 유능하고 자립적이며 공헌하는 자녀를 키우기 위한 토대를 마련한다.

부모가 모든 규칙을 정하고 자녀에게 언제 무엇을 해야 하는지 지시하는 주도권을 쥐고 있는 가정에서는 가족회의가 자녀에게 너무 많은 권한을 주는 것으로 생각할 수 있다. 하지만 합의로 결정이 이루어지기 때문에 부모에게도 거부권이 있고 자녀에게도 거부권이 있다. 회의에 적절하지 않은 안건도 있겠지만 생각보다 많지 않을 것이다. 새 차를 사거나 자녀를 더 낳는 것은 당연히 부모가 결정해야 하지만, 대부분의 가족 문제를 논의할 수 있으며, 부모는 자녀를 돌볼 때 부모도 지켜야 할 규칙이 있다는 것을 자녀에게 상기시킬 수 있다.

가족회의를 도구라고 말하지만 쉽게 무기로 바뀌어 사용될 수 있다. 많은 부모는 가족회의를 어떤 행동에 대한 훈계나 요구를 할 수 있는 기회라고 생각한다. 또한 토론을 중단시키거나 감정이 상할 수 있는 자녀 중 한 명을 보호하려고 할 수 있다. 부모는 가족회의에서 종종 말을 많이 하므로 자신의 발언 차례가 되면 이를 주의해야 한다. 부모가 지시하고 통제하는 수단으로 회의를 사용하면 아동은 회의 참석에 대한 흥미를 금방 잃게 되고, 참석은 권장 사항이지 필수가 아니기 때문에 그 아이디어는 실패한 것처럼 보일 수 있다. 회의가 실패한 것이 아니라 회의의 활용이 잘못된 것이다.

가족회의에는 보스가 없다. 대신 진행자가 있고, 그 역할은 돌아가면서 맡기 때문에 부모가 맡을 수도 있다. 모두가 평등하므로 누구도 회의에서 퇴장당할 수 없다. 다른 사람이 화를 내거나 짜증이 나면 회의에서 나갈 수 있지만, 누구도 강제로 회의에 남거나 나가라고 요구받지 않는다.

가족회의를 유용한 소통과 유대의 형태로 이끌 수 있는 다른 제안으로는 각 회의 날짜와 시간을 정하고 가족 달력에 기록하기, 회의에서 결정된 사항은 다음 회의 전까지 변경하지 않기, 투표가 아닌 합의로 결정하기 등이 있다.

문제에 대한 해결책을 논의할 때 뇌물, 보상, 처벌을 수반하는 해결책은 고려하지 않는다. 문제는 해결해야 할 문제로서 논의되는 것이지 처벌할 사람을 찾는 것이 아니다.

가족회의의 목표는 자기 존중감과 자신감을 키우고, 자녀가 실수로부터 배우도록 도우며, 해결책을 만들고, 강점을 발견하며, 용기를 키우고, 가족과 즐거운 시간을 갖는 것이다.

제 8 장

특별 주제

교실에서의 교육

모든 아동이 가정과 학교에서 핵심 욕구 4C를 갖춘다면 매우 행복하고 자신감 있는 아동이 될 수 있다는 결론을 쉽게 내릴 수 있다. 드라이커스는 교사는 함께 근무하는 집단이 있고 초등학교에서 하루 중 긴 시간을 학생들과 함께하므로 부모가 할 수 없는 일을 할 수 있다고 강조했다. 교사는 종종 가정 안에서 매우 낙담한 학생을 만날 수 있고 그 아동에게 절실히 필요한 격려를 제공할 수 있다. 어른들이 좋아하지 않았던 교사에 관한 이야기도 많지만, 재미있게 교과 수업을 하고 비판 없이 학생들에게 자신감을 심어 준 교사에 관한 이야기도 종종 있다.

교사는 여러 면에서 재능이 뛰어나야 한다. 교사는 자신이 가르치는 내용을 학생들이 배우고 싶게 하기 위해서는 교육 전문가이면서 동시에 슈퍼 판매원이어야 한다. 한 가지 예로, 어떤 수학 교사가 개학 첫날 학생들에게 "여러분 중 삶에서 이 과목에 대해 알아야 한다고 생각하는 사람은 몇 명이나 될까요?"라고 묻는다. 아동은 대부분 손을 들지만, 손을 들지 않는 학생도 일부 있다. 다음으로 교사는 "이 공부가 왜 필요하다고 생각하나요?"라고 물으면, 학생들은 대답할 수 있다. 그런 다음 교사는 손을 들지 않은 학생에게 왜 이 공부가 필요하지 않다고 생각하는지 묻는다. 교사는 어떤 직업을 갖고 싶은지도 묻는다. 다른 학생들이 대답을 들은 후에, 언급된 직업에도 수학적 사실이 필요한 이유와 수학이 다른 여러 방면에서 필요한 이유를 나누도록 한다. 교사는 모든 학생이 수학이 필요한 삶의 영역을 알 수 있을 때까지 수학 수업을 시작하지 않는다. 학생이 쓸모없다고 생각하는 과목을 배우게 되면 그 수업에서 열심히 하려는 동기가 생기지 않을 것이다.

교사는 학생들이 수업에서 좋은 성적을 거두는 것이 목표지만, 수업을 시작하기 전에 고려해야 할 세 가지 단계가 있다.

- **1단계:** 소속감과 적응은 모든 아동의 목표이므로 모든 학생이 자신의 이름을 말하고 모두가 들었는지 확인하면서 수업을 시작할 수 있다. 어떤 교사는 모든 친구의 이름을 기억하는 사람이 있는지 묻곤 했다. 아무도 먼저 하려 하지 않으면, 교사가 모든 학생에게 이름을 한 번씩 말하게 한 다음, 교사를 포함해 모두가 함께 서로의 이름을 따라 말해 본다. 창의적인 교사가 낸 다른 아이디어도 있다. 그 아이디어는 학생들에게 생일이 몇 월

인지 물어본 다음, 모두 일어서서 1월부터 시작하여 12월까지 월별로 자신의 자리를 찾게 하는 것이다. 유대감 형성 단계에 이 아이디어는 모든 학생을 알게 되며 한 집단이 되게 한다. 학생들은 개인으로 수업에 들어왔다가 모두가 동등한 구성원이 되어 한 집단이 된다.

- **2단계:** 모든 사람이 가지고 있는 또 다른 욕구, 즉 필요로 하며 중요하고 가치 있어야 하는 욕구를 다루는 것이다. 교사는 할 일이 너무 많으므로 아동이 할 수 있는 일이 있다면 교사와 학생 모두에게 도움이 될 것이다. 교사가 하루에 해야 할 일을 모두 적는다면, 엄청난 양의 목록이 될 것이다. 자격을 갖춘 교사만이 할 수 있는 일들에만 동그라미를 쳐도, 그 외에 할 일이 아직 많이 남는다. 그런 일들은 아이들에게 맡길 수 있다. 예를 들면, 역할 분담표를 만들어 나눠 주는 식이다. 이런 활동은 자신감을 잃거나 성적이 좋지 않은 아이들이 잘할 수 있는 기회가 된다. 낙담한 학생일수록 교사가 더 많은 도움을 부탁할 수 있으므로 '필요하다는 느낌'이 생길 수 있다.
- **3단계:** 이제 우리는 유대감과 가치감을 얻는 방법을 알았으니, 해결해야 할 문제가 하나 더 남았다. 실수에 대한 두려움은 보편적인 두려움이며, 특히 교실에서 생산성을 가장 크게 떨어뜨리는 요소이므로 이에 대해 논의해야 한다. "여러분 중 몇 명이 이 교실에서 실수하게 될 것 같다고 생각하나요?" (교사가 먼저 손을 든다.) "다른 사람이 실수할 때 여러분은 어떻게 반응하나

요?" "여러분이 실수했을 때 다른 사람들이 어떻게 반응하길 바라나요?" "실수는 누구나 하는 일이라는 것을 모두가 알았으면 좋겠어요. 실수할 때 중요한 점은 실수에서 배운 점을 말할 수 있고, 앞으로 그 실수를 반복하지 않는 방법을 아는 것이에요. 선생님도 실수할 거니까 여러분도 실수할 것으로 예상해요."

이제 수업을 시작할 수 있다. 핵심 욕구 4C는 유대감[Connect], 유능감[Capable], 가치감[Count], 용기[Courage]로 나열한다. 그러나 교실에서는 먼저 유대감, 다음 가치감, 그리고 용기를 강조하고, 학생들이 배울 준비가 되었을 때 유능감을 강조해야 한다. 아동이 소속감이나 가치를 느끼지 못하면(유대감과 가치감), 학습할 에너지나 시도할 용기가 생기지 않는다.

교사가 새로운 개념을 가르칠 때, "이 개념을 다른 사람에게 설명할 수 있을 만큼 충분히 이해하고 있는 사람이 몇 명이나 될까요?"라고 물어볼 수 있다. 손을 든 학생들에게 계속 손을 들고 있어 달라고 요청한다. 손을 들지 않은 학생들이 손을 든 파트너를 선택하게 한다. 그런 다음, 함께 풀어야 할 다른 문제를 하나 더 준다.

교사의 역할

- 학생의 행동과 표현을 관찰하고 해석한다.
- 각각의 학생과 접촉을 시도한다.

• 잘못된 행동이 있는 경우, 도덕적 비난이나 판단보다는 이해를 보여 줌으로써 학생의 부담을 덜어 준다.

부모의 책임

부모는 방해받지 않는 공간, 조명, 필기구, 정해진 시간을 제공하는 책임이 있다. 아동은 과제를 수행할 책임이 있다.

어느 날 아침에 열이 나서 깨어난 5세 유치원생 소년의 어머니 이야기를 소개한다. 어머니는 아동에게 그날 유치원에 가지 말라고 말했다. 소년은 "오늘은 유치원에 가야 해요."라고 고집을 부렸다. 어머니는 다른 친구들을 감염시킬 수 있고, 쉬어야만 하는 이유를 설명했다. 소년은 울기 시작하며 "엄마는 이해하지 못해요. 저는 오늘 유치원에 가야 해요. 이번 주에 금붕어 먹이를 주기로 했단 말이에요." 그들은 같은 반 친구에게 전화를 걸어 오늘 할 일을 대신해 달라고 부탁하거나 유치원에 전화를 걸어 선생님께 전달 사항을 남기는 등 문제를 해결할 방법에 대해 논의했다.

이 두 가지는 삶에서 성공하지 위해 꼭 필요한 기술로, 협력하는 방법을 배우는 것과 더불어 유치원에서 익혀야 할 중요한 교훈이다.

핵심 욕구 4C가 있는 교실에서 아동의 관점

아동에게 필요한 것이 무엇인지 알고 그것을 제공하는 깨어 있는 선생님이 있다는 사실에 감사함을 느끼는 격려받은 학생은 다음과 같이 생각한다.

- 나는 이 학급에서 중요하다! 선생님은 나를 좋아하고 다른 학생만큼이나 나에게 마음을 써 준다. 선생님은 우리가 같은 의견을 공유하지 않더라도 나의 의견을 중요하게 생각한다.
- 선생님은 나를 응원하고 있다! 일이 잘 풀리지 않을 때, 선생님은 공감해 주시고 어려움에 맞서도록 격려해 준다. 선생님은 내가 잘 해낼 수 있다는 믿음을 가지고 있다.
- 선생님은 자신에게 항상 가장 쉬운 일이나 가장 즐거운 일이 아니더라도, 해야 할 일을 한다. 선생님은 어른인데도 항상 하고 싶은 대로 할 수는 없다. 선생님도 자신의 일에 따른 규칙을 따라야 한다.
- 우리는 미리 계획을 세우고 그 계획을 기대할 수 있다. 선생님은 우리와 함께 미리 계획을 세우고, 우리는 무엇을 기대할 수 있는지 알 수 있다. 가능하다면 선생님은 우리의 아이디어를 계획에 포함한다. 때로는 우리가 선생님이 생각하지 못한 좋은 해결책과 아이디어를 생각해 낸다!
- 우리는 모두 같은 규칙을 공유한다. 당신이 누구이든 우리가 합

의한 대로 일이 진행될 거라고 믿을 수 있다. 규칙은 선생님과 우리를 위한 것이다.

- 문제가 발생하면 어떻게 해야 할지 결정하는 데 도움을 받을 수 있다. 학생에게 일어나는 많은 일은 선생님이나 다른 사람에 의한 것이 아니라 실제로 학생 자신의 행동 결과이다. 나와 관련된 많은 일에 대해 내가 결정을 내린다. 하지만 선생님은 우리 반의 모든 학생이 서로를 돕는 역할을 한다고 믿고 있으며, 우리는 실제로 그렇게 한다!
- 가끔 내가 많은 관심을 받고 싶을 때, 선생님은 내가 실제로 필요한 것보다 더 많은 것을 요구하고 있다는 것을 알고, 우리는 함께 어떻게 할지 결정한다.
- 때때로 내가 불순종하고 수업을 거부할 때, 선생님은 내가 억지로 할 수 없다는 것을 알고 있다. 그러면 선생님은 그 문제를 해결하기 위해 나의 도움을 요청하고 함께 해결 방법을 결정한다.
- 가끔 온 세상에 화가 나고 나의 감정을 정당화하기 위해 끊임없이 변명할 때, 선생님은 내가 아무리 나쁘게 행동해도 계속 나를 좋아하고, 다음에 해야 할 일을 결정하는 데 계속해서 나의 도움을 받는다.
- 때때로 내가 절대 정상에 오르지 못할 것 같고 아무도 나의 잘못을 발견하지 못하도록 아예 포기하고 싶을 때, 선생님은 내가 잘할 수 있는 일들을 계속 찾아 어떤 일을 시도해 볼지 결정하게 한다. 마침내 내가 무언가를 해냈을 때 선생님은 실수만 지

적하는 것이 아니라 잘한 부분도 살펴 준다.

- 우리는 교실에서 여러 가지를 시도해 본다. 시도한 것이 효과가 없으면 수정하지만 계속해서 노력한다. 우리 선생님은 실수하는 것은 학생뿐만 아니라 선생님에게도 괜찮다고 생각한다. 실수해도 괜찮으니 실수를 인정하고, 다음에는 다르게 하면 더 나은 결과를 얻을 수 있다고 한다. 우리 선생님은 실수할 기회가 있어야 배울 수 있다고 말한다.
- 우리 학교에서는 선생님과 학생이 함께 일한다. 함께 일할 때 좋은 일과 좋은 방법을 생각하게 된다. 좋지 않은 일이 생기면 우리는 시간을 들여 어떻게 할 수 있을지 고민한다. 나쁘거나 불쾌한 일을 개선하는 방법을 찾는 일은 쉽지 않다. 무언가를 제대로 할 수 없을 때 화를 내거나, 다른 사람이 모욕할 때 소리를 지르거나, 누군가 당신을 공격할 때 반격하거나, 두려울 때 몸을 움츠리는 것처럼 보통 더 악화시키는 일이 쉽다. 따라서 우리는 상황을 진정으로 개선하는 것을 찾기 위해 노력해야 한다. 또한 여행이나 프로젝트, 기타 새로운 모험과 같은 좋은 시간을 많이 계획하고, 함께 좋은 계획을 세우기 때문에 대부분의 경우 계획이 잘 이루어진다.
- 우리 선생님은 교실에서 보상이나 벌을 사용하지 않으며, 누구도 나쁘다고 판단하지 않고, 우리를 조종하거나 통제하려 하지 않아서 나는 기쁘다. 그것은 또한 다른 사람과 자신을 비교할 필요가 없다는 뜻이기도 하다. 선생님은 교실에서 누군가를 '나

쁜 사람'으로 보는 대신 모두가 집단에 소속하기를 추구하는 사람으로 본다. 우리 모두는 소속하려고 노력할 뿐이다. 우리는 모두 다르지만, 소속감을 느끼고 싶다는 같은 목표를 가지고 있다. 보상은 공부를 즐기는 것을 가르쳐 주지 않고, 처벌은 실수하는 것을 두려워하게 한다. 어느 누구도 다른 사람보다 특별하지 않으며, 모두가 똑같이 다르고 고유하다.

마음 들여다보기 질문

당신을 격려해 준 선생님을 기억하나요? 그 선생님은 누구였으며 어떤 일로 용기를 주었나요?

중독

핵심 욕구 4C가 결핍되면 개인은 자기 존중감을 지키기 위해 할 수 있는 일을 하게 되고, 그 결과에 따른 생각과 감정은 중독 행동으로 이어질 수 있다. 이러한 행동은 낙담한 아동, 청소년 또는 어른의 창의적인 형태이다.

이스라엘 아들러 연구소 아들러 심리치료 학교의 임상가, 연구자, 작가, 선임 강사이자 중독 행동 전문가인 시프론은 한 강연에서 다음과 같은 내용을 공유했다.

> 모든 행동에는 목적이 있다. 음주는 사회적 습관이며, 사람들은 보통 다른 사람들과 함께하기 위해 음주를 시작한다. 주요 목표는 유대감이다. 중독자의 창의성을 살펴봐야 한다. 중독은 핵심 욕구 4C가 결핍되었을 때 보이는 개인의 움직임이다. 근본적인 문제를 찾지 않으면 중독을 해결할 수 없다. 중독은 책임을 회피하기 위한 개인의 창조적인 해결책일 수 있다. 창조적인 능력과 중독 또는 기타 파괴적인 행동의 발달 가능성 사이에는 상관관계가 있다.

중독 행동은 결코 한 개인의 문제가 아니다. 항상 가족 시스템 전체가 관련되어 있다. 때로는 지역사회 전체가 관련되기도 한다. 음주, 약물 사용, 폭식증이나 거식증은 문화의 부분이 된다. 따라서 이러한 문제를 다루는 것은 지역사회의 관심사이다. 그러나 가족이나 지역사회의 목표는 항상성을 유지하고, 정치적 이유나 고통에 대처하는 것을 회피하기 위해 분란을 일으키지 않으려 한다.

아동의 창조적인 능력을 발견하기 위해서는 아동이 그 능력을 인식하고 행동에 옮기도록 격려할 필요가 있다. 아동은 피드백 없이는 창조적 능력을 인식할 수 없으며, 특히 자신이 부적절하다고 느낄 때는 더욱 그러하다. 창조성이란 아동이 다른 방식으로 일을 시도하려는 과정에서 길러진 용기이다. 아동은 호기심이 많고 항상 새롭고 다른 방법을 찾는다. 이러한 과정에서 어른이 억압하면 아동은 파괴적인 방식으로 창의적 자극을 찾을 수 있다.

창조적인 아동일수록 자신의 창조성에 따라 행동하도록 격려받지 않으면, 파괴적인 행동을 개발할 가능성이 더 커진다.

좌절감, 열등감, 무가치감은 힘의 경험을 통해 균형을 이루려 한다. 알코올, 약물, 폭력, 거식증, 폭식증 등은 자신에게 힘이 있다고 느끼게 해 준다. 무력하다고 느낄수록 자신의 능력을 극단적으로 증명하려는 심리가 작동한다.

- "술을 마시면 한 번도 해 보지 않은 일을 할 용기가 생겨요."라고 음주 문제가 있는 사람은 말한다.
- "마약을 하면 행복을 느끼고 두려움에서 벗어날 수 있어서 다른 사람들보다 더 낫다고 느껴져요."라고 마약 중독자는 말한다.
- "내가 음식을 먹지 않을 때, 나는 식욕을 이겨 내고 있는 거예요!"라고 거식증 소녀는 말한다.
- "내가 원하는 만큼 먹고 토하면 두 번 승리하는 거예요. 첫째, 식습관에 제한을 두지 않고 항상 모든 것을 즐길 수 있어요. 둘째, 토한 후에는 날씬하고 균형 잡힌 몸매를 유지할 수 있어요!"라고 폭식증 소녀가 말한다.

정말 놀라운 창안이다. 많은 창의적인 소녀가 이와 같은 창의적인 방법을 사용하는 것은 당연하다. 그러나 무력감은 실제가 아니기 때문에 시간이 지남에 따라 이러한 느낌을 유발하는 중독이 발생하게 된다.[27]

모든 아동은 소속감을 느껴야 한다. 소속감이 없으면 아동은 다른 사람보다 열등하다고 느낀다. 열등감은 자기와 자기 생존에 초점을 맞추게 한다. 열등감은 사회적 관심의 발달을 방해한다. **내가 충분하지 않다고 느끼면 다른 사람에게 다가갈 방법이 없다.** 우리는 애정과 소속의 욕구를 가지고 태어난다. 우리는 사랑받고 있다고 느껴야 한다. 소속감을 느끼지 못하면 인간으로서 우리의 잠재력을 발휘할 수 없다. 소속감을 느끼는 사람만이 타인에 관한 관심과 배려를 키울 수 있다. 사회적 관심은 정신건강의 핵심이기 때문에 소속감은 필수적이다.

우리는 아동의 말에 귀를 기울이고, 격려하며, 아동의 강점에 초점을 맞추어야 한다. 어른은 종종 아동이 잠재력을 최대한 발휘하지 못한다고 불평한다. 하지만 우리는 아동의 실제 잠재력이 무엇인지 알고 있을까? 왜 아동은 자신의 강점과 창의성을 활용하여 성장하고 발전하지 못할까? 아마도 아무도 아동의 강점을 강조하지 않아서 아동은 자기의 잠재력을 인식하지 못하기 때문일 것이다. 아동은 자신의 실수에 대해서는 많이 듣지만, 자신의 강점에 대해서는 거의 듣지 못한다. 자신의 강점을 실현하기 위해서는 먼저 강점을 인식해야 한다. 그래서 우리는 **경청해야 한다! 격려해야 한다! 강점에 초점을 맞추어야 한다!**

경쟁

경쟁은 핵심 욕구 4C에 어떻게 적용되는가? 아동은 집단이나 운동팀에 가입하면 어떤 이점이 있을까? 일반적으로 소속감, 즉 자신의 집단 내에서 자리가 생기고, 새로운 기술과 재능을 배울 기회가 있으며, 자신이 공헌하고 있다고 느끼는 자리가 있고, 희망적으로 격려받을 수 있는 자리를 얻게 된다. 또한 이 집단에서는 해당 영역과 인생 전체에서 성공하기 위한 두 가지 자질인 협력과 타인에 대한 배려가 필요하다.

부모는 자녀가 8세 미만인 경우, 게임에서 '지는 것'과 '패배자가 되는 것'을 명확하게 구분하지 못하기 때문에 경쟁 게임을 시키지 않도록 해야 한다는 점을 인식해야 한다. 운이 좋게도 대인관계의 역동을 이해하는 코치가 있다면, 그 팀은 아동에게 도움이 될 것이다. 이 코치는 두 팀 간에 경쟁이 허용된다는 것은 알고 있지만, 성공한 집단은 팀 내에서 경쟁이 없다. 팀원들은 모든 팀원이 서로 필요하며, 서로를 배려하고, 격려하는 응집력 있는 집단이다. 코치는 각 구성원의 강점과 재능, 그리고 경기 결과에 어떻게 공헌하는지에 초점을 둔다.

흔히 경쟁competition을 향상improvement으로 혼동하는 경우가 많다. 경쟁은 다른 사람과의 관계에서 무언가를 이루려는 것, 즉 '최고가 되는 것'이다. 향상은 '성장과 진보를 인식'하는 것이다("나는 어제보다 오늘 더 잘했어." "나는 완벽하지는 않지만, 어제보다 오늘 더 낫다는 것을 알아." "내가 발전한 것을 알 수 있어."). 이것은 자기 인식이다. 각 선수는 재능을 연마하기 위해 연습하고 개인 기술을 향상해야 한다. 집중력과 연습은 자기 존중감을 높이고 향상하는 데 필요하다. 향상하려는 건강한 바람은 '더 나아지기being better'가 '남보다 더 잘하기being better than others'가 될 때 낙담하는 생각으로 바뀐다. 아동이 스스로 더 나아지기로 결심했을 때, 종종 자신과 타인을 비교하느라 산만해지곤 한다. 이 길은 항상 자신보다 더 잘하는 누군가를 만나게 되기 마련이고, 그런 방향에 집중하다 보면 열등감을 느끼게 되어 오히려 낙담하게 된다.

열등감을 느끼는 것은 생산적이 되거나 사회적 관심을 발달시키는 데 가장 큰 방해 요소이다. 열등감은 정상적이지만, 그 상황을 어떻게 해석하느냐에 따라 아동이 나아가는 방향이 달라진다. '이 상황을 더 많은 훈련을 받고 향상하는 기회로 해석할 것인가?' 아니면 '이 상황을 포기할 핑계로 삼을 것인가?' 각자 선택하게 된다. 한 가지 선택은 동기를 부여하고, 다른 선택은 종종 절망, 불안, 수치심, 당혹감으로 이어진다. 또한 아동은 "계속 훈련하더라도 내가 원하는 만큼 결코 잘할 수 없으니까 더 많은 성공과 즐거움을 주는 다른 방향을 찾아야겠어."라고 결정할 수도 있다. 이러한 선택은 실패감을 느끼는 것이 아니라 더 많은 만족을 주는 길을 찾는 것과 연결되는 경우가 많다.

가족은 우리의 첫 번째 집단이자 팀이다. 우리는 팀의 성공에 어떻게 공헌할 수 있을까?

- 우리는 대화하고 문제를 해결하고 소통할 때, 자기와 타인을 존중한다.
- 우리는 강점과 기술을 인정하며 서로 격려한다.
- 우리는 싸우거나 합의를 요구하지 않고 문제를 해결하는 방법을 선택한다.
- 우리는 동등한 팀원으로서 가족의 일과 필요에 공헌한다.
- 우리는 서로의 존재를 기뻐하며, 다른 사람들이 팀에 기쁨을 주도록 열린 마음을 갖는다.
- 우리는 주고받을 수 있는 역량을 개발한다.
- 우리는 낙담할 수 있는 다른 사람에게 용기를 주는 충성스러운 구성원이다.
- 우리는 좋은 친구이다.

제9장

결론

아들러의 지속적인 영향

아들러의 아이디어를 토대로 한 저작이 많은데, 이 책도 아들러의 지혜에서 시작되었다. 그 저자 중 일부는 심리학자나 아들러 학자가 아니었음에도 아들러 지지자들이 그 영향력을 알아볼 수 있는 방식으로 글을 썼다.

한 가지 예는 1996년 사무엘 헌팅턴Samuel Huntington이 쓴 『문명의 충돌A Clash of Civilizations』이라는 책이다. 헌팅턴은 가족, 직장, 친밀한 파트너의 관계를 넘어 정부와 국가 간의 관계까지 다루고 있다. 그는 유대와 고립의 중요성뿐만 아니라, 힘을 가진 나라들과 그런 나라들에 대해 복수를 시도하는 힘이 없는 나라들에 대해서도 언급한다. 이는 아들러가 가족과 교육자를 돕기 위해 쓴 글과 같은 결론이다.

헌팅턴은 계속해서 종속 국가와 독립 국가, 그리고 중요하다고 여겨지는 국가와 불필요하다고 여겨지는 국가에 대한 설명을 이어 간다. 여기서 말하는 흐름은 아들러가 1930년에 가르쳤던 내용과 같다. 헝틴턴은 사람들 사이에 서로를 존중하는 소통이 있어야 하고, 누군가가 무시당한다고 느낄 때는 협력이 잘 이루어지지 않는다고 설명했다. 그의 책에서 강조하는 점은, 전쟁이란 결국 지배하려 하거나 지배당하지 않으려는 싸움이라는 것이다. 그리고 이런 힘겨루기는 나라들 사이에서만 일어나는 것이 아니라, 가족이나 집단 안에서도 똑같이 일어난다는 것이다.[28]

아들러의 이론은 가족 내에서 이해, 존중, 소통, 협력에 관한 몇 가지 좋은 아이디어 그 이상이다. 그의 이론은 정부를 이해하는 데에도 활용될 수 있다. 다른 사람의 삶이나 국경 너머까지 완전히 통제하려는 이들은 결국 복수와 갈등을 불러오게 된다. 모든 사람은 서로 연결되어 있고, 자신의 존재가 의미 있으며, 자신을 필요로 하고, 재능을 인정받고 싶어 한다. 또한 가정, 학교, 직장, 친밀한 관계, 그리고 전 세계에서 조화를 이루는 해답을 찾고, 그 길로 나아갈 용기를 원한다.

· 부록 1 ·

유아를 위한 안건 그림

지난주 회의록

감사/고마움/찬사

공지 사항

문제 및 우려 사항 및 해결책

가족 구성원의 요구 사항

가족 구성원이 해야 할 일

한 주의 재미있는 활동

참고: 이것은 가족회의를 진행하는 한 가지 방법이다. 각자의 고유한 가족 단위에 적합한 안건과 회의 방식을 찾는 데는 시행착오와 함께 시간이 걸린다.

• 부록 2 •

핵심 욕구 4C 실천 사례 나누기

3학년 교사인 저는 학급을 관리하고, 학부모와 소통하며, 학생 개개인의 성공을 돕기 위해 핵심 욕구 4C에 집중하고 있어요. 어느 날 교실 옆에 있는 빈방에 들어갔는데 쓰레기가 버려진 것을 보았어요. 몇몇 학생이 들어가서 쓰레기를 버리고 치우지 않은 것이 분명했어요. 저는 그 학생들을 찾아서 벌을 주는 대신, 학급 전체 학생들을 불러 모아 둥글게 둘러서서 이 문제를 이야기했어요. 우리 반이 이 여분의 공간을 계속 즐길 수 있도록 이 문제를 해결하기 위해 어떻게 함께 노력할 수 있을지 큰 소리로 말했어요. 저는 학생들이 모두 친구들과 함께 어울리기 좋아하며 이 기회를 놓치고 싶지 않을 거라고 말했어요. 학생들은 순식간에 그 방을 돌아다니며 모든 것을 정리했고, 다시 원을 만들었어요. 학생들은 저를 향해 미소를 지었고 저는 더 이상 말할 필요가 없었어요. 우리는 비난이나 수치심 없이 문제를 해결하기 위해 함께 노력했어요.

연말에 저는 한 해 동안 부모와 많은 연락이 필요했던 한 소년의 가족을 만나고 싶다고 요청했어요. 우리는 한 해를 되돌아보고 내년 목표를 세웠어요. 학부모는 이전 학교에서는 선생님과 관리자가 아들을 포기하고 복도에 책상을 놔두었다고 했어요. 소년은 저와 긴 작별 인사 포옹을 하면서, 자신을 좋아해 주는 선생님은 처음이었다고 말했어요. 저는 학생의 관심 끌기 욕구를 개인적으로 받아들이지 않고 필요한 것을 줄 수 있었어요. 저는 그 학생이 우리 학급에서 가치 있는 사람처럼 느낄 필요가 있고, 새로운 반 친구들과 관계를 맺기 위해 최선을 다하고 있음을 알고 있었어요. 저는 그에게 의견을 물었고, 그가 관계를 발달시킬 수 있는 방법을 찾았어요. 제가 배우고 있는 교훈에 대해 감사드리며, 제가 만나는 모든 학부모 및 선생님과 이 훌륭한 자료를 공유하게 되어 매우 기쁩니다.

– S. C.

두 살 터울인 두 아들 사이에는 끊임없는 경쟁이 있었어요. 둘 다 초등학생이었을 때는 몇 시간 동안 함께 놀다가도 욕설과 신체적 충돌로 확대되는 다툼이 벌어지곤 했어요. 제가 어떻게 개입해도 결국 우리 셋 다 화를 냈어요. 저는 핵심 욕구 4C에 대해 배웠고 싸우는 소리가 날 때 끼어들지 않고, 대신 차분한 시간에 아이들이 서로 잘 지내는 것에 얼마나 감사하는지 알려 주었어요. 저는 가족과 동료애의 가치를 강조했어요. 저는 아이들이 (냅킨과 젓가락을 이용해) 집 안에서 야구하는 방법을 스스로 찾아냈다는 걸 알아차렸어요. 그래서 이렇게 말해 봤어요. "집 안에서 야구하는 방법을 알아낼 정도로 똑똑한 두 소년이라면, 너희끼리 갈등을 해결할 방법도 충분히 찾아낼 수 있을 것 같은데? 도움이 필요하면 엄마를 부르고, 그렇지 않으면 너희 스스로 어떻게 할 건지 궁금하구나." 아이들은 싸웠지만 저는 끼어들지 않았고, 싸움은 금방 멈췄어요. 그러고는 새로운 규칙을 만들어 냈으니, 이런 걸 보면 제가 기발하다고 생각해요!! 두 아이는 지금 고등학생이고, 서로의 관계는 점점 더 돈독해지고 있어요.

– S. K.

10대 딸을 둔 한부모 엄마는 유대감의 가치를 배우기 전까지 많은 '혼란과 복수하려는 행동'을 경험하고 있었어요. 그녀는 "제가 말을 아낄수록, 딸은 제게 더 많은 말을 하게 되었어요."라고 말했어요. 그녀는 딸이 자신에게 말하지 않고 머리를 붉게 염색했을 때의 상황을 설명했어요. "제가 대처하는 방식이 이전과는 너무 달라졌어요. 예전 같았으면 두려움에 떨고 화를 냈을 텐데, 제 반응은 딸에게 나와 상의해 달라고 부탁하는 것이었어요……. 폭발하는 대신 가만히 앉아서 변화를 기다릴 수 있게 된 것은 저와 딸 모두에게 엄청난 변화였어요. **유대감에 초점을 맞추자** 처음으로 놀라운 대화를 나눌 수 있었어요. 정말 감동적이었고 몇 달 동안 하지 못했던 이야기들이 쏟아져 나왔어요."

– A. M.

초등학생 아들 둘을 키우다 보니 숙제 때문에 집안에 긴장이 가득했어요. 그래서 아이들이 학교에서 돌아오면, 제가 지켜보면서 식탁에 둘러앉아 숙제하기로 계획을 세웠어요. 잔소리를 많이 했고, 비판도 적지 않았어요. 싸움이 이어졌고 눈물이 흘렀어요. 핵심 욕구 4C 강좌를 듣고 난 후, 숙제를 언제 어떻게 해야 하는지에 대한 제 계획을 강요하는 것은 아이들이 원하는 공부 방식을 존중하지 않는 것이라는 것을 알게 됐어요. 또한 숙제는 학생과 선생님 사이의 일이라는 생각도 마음에 새겼어요. 저는 '숙제 도우미' 역할에서 스스로를 해고했어요. 차분한 시간(아마도 쿠키를 먹으며)에 저는 아이들에게 제 뜻을 강요한 것에 대해 사과했어요. 숙제는 아이들과 선생님 사이의 문제이며, 아이들이 자기 능력을 잘 보여 줄 수 있도록 어떻게 스스로 과제를 해 나갈지 무척 궁금하다고 말했어요. 우리 모두는 그들이 유능한 학생이라는 데 동의했고, 내가 하는 방식과는 확실히 다르지만, 아이들은 시간에 맞추어 숙제를 제출하는 법을 배우고 있는 것 같았어요.

– D. K.

두 명의 10대 자녀와 함께 살고 있는 저는 핵심 욕구 4C의 중요성에 대해 배운 모든 것에 감사하고 있어요. 제가 가장 반추하는 것은 유대감이에요. 다른 말이 떠오르지 않을 때는 "사랑해."라고 말하거나 문자를 보내고 가족에게 하트를 그리는 수신호를 통해 마음을 쓰고 있다는 것을 상기시키기도 해요.

제가 가장 감사하게 생각하는 지혜의 덩어리 중 하나는 우리가 아이들과 평생의 유대감을 형성하고 있으며, 특히 어려운 시기일수록 이를 명심하는 것이 필수적이라는 점이에요.

현재 아이들의 인생 시점에서 우리는 유능감의 중요성에 대해서도 생각해 봐요. 예전 같았으면 추수감사절에 필요한 모든 것을 혼자 처리하면서 스트레스받고 신경이 곤두섰어요. 하지만 이제는 도움을 받는 것뿐만 아니라 삶의 기술을 전수하고 가족의 일원으로 공헌하는 것이 중요하다는 것을 깨달았어요. 그래서 이번 추수감사절에 우리 가족은 하루 전에 모여 앉아 가족 식사를 준비하는 데 모두가 기여할 방법을 선택했어요. 큰아이는 으깬 감자와 수제 휘핑크림을 만들기로 했고, 13세 아이는 파이를 굽고 할머니의 은그릇을 닦기로 했어요. 우리는 아이들이 모르는 부분에 대해 훈련했는데, 은그릇을 닦는 것이 가장 놀라웠어요. 저는 딸에게 그릇의

뒷면을 읽게 한 다음 다른 도움이 필요한지 물어봤어요. 딸은 은그릇을 닦을 때의 만족감이 **너무 좋아서** 결국 동생까지 데려와 그릇을 닦는 것을 가르쳐 주었어요. 두 아이가 필요 이상으로 많이 닦았고 모두가 도착했을 때도 여전히 닦고 있었어요!

크리스마스 장식을 꺼내 13세 딸아이가 변색된 별을 보자마자 "엄마, 내가 할게요. 이 별은 엉망인데 내가 닦아 줄게요."라고 말했어요. 딸은 자랑스러워했고, 자신이 공헌할 수 있는 좋은 방법이라며 즐거워했어요(심지어 별을 반짝이게 닦는 모습을 타임랩스 동영상으로 만들어 사촌들과 공유하기도 했어요!)."

— W. T.

중학생 아들 둘을 둔 우리 4인 가족은 쓰레기 문제로 골머리를 앓고 있었어요. 우리는 쓰레기 버리는 일을 분담하기로 합의했지만, 매주 남편과 저는 짜증과 잔소리, 심지어 고함까지 지르며 쓰레기를 버리는 자신을 발견했어요. 그래서 가족회의를 통해 '쓰레기 대란'을 주제로 문제를 해결해 보기로 했어요. 재미있었던 부분은 서로 다른 가족 구성원의 관점을 이해할 수 있도록 역할극을 하기로 했을 때였어요. 가족 구성원이 나를 어떻게 인식하는지 묘사하는 것을 보는 것은 즐거운 일이에요. 많은 웃음 끝에 우리는 다양한 방법을 브레인스토밍하기 위해 모였어요. 결국 우리는 서로 다른 두 가지 아이디어를 결합했고, 쓰레기 처리 방식은 여전히 강력하게 유지되고 있어요. 쓰레기는 잘 버려지고, 아무도 잔소리를 듣지 않아요. 저는 우리 모두가 서로 유대감, 유능감, 가치감, 용기를 느낀다고 생각해요.

아들들이 초등학생이었을 때 저는 방과 후 어학 수업을 듣게 했어요. 몇 달 후 겨울이 되자, 수업 시간은 늦고 어둡고 추웠어요. 힘겨루기가 이어졌어요. 춥고 피곤한 아들의 경험을 진지하게 들어 본 후, 저는 아들에게 긍정적인 힘을 주기로 결심했어요. 저는 걸어가는 대신 차를 타고 가거나 수업 가는 길에 따뜻한 '기운을 북돋아 주는 음료'인 핫초코를 만들어 마실 수 있다고 제안했어요. 그는 수업 가는 길에 핫초코를 마시며 매우 기뻐했고, 저는 싸움을 피할 수 있어서 기뻤어요. 이제 저는 미리 방과 후 무엇을 하고 싶은지 그들과 대화를 나누기 전에는(더 긍정적인 힘을 실어 주기 전까지는) 어떤 수업도 먼저 등록하지 않아요. 아이들은 기타(**나의** 선택이었음)가 아닌 야구를 하고 있어요. 아이들이 유대감, 유능감, 가치감, 용기가 있다고 느끼는 데 제가 공헌하고 있다는 것을 알고 있어요.

— S. K.

저는 초등학생부터 고등학생까지의 세 아들을 둔 엄마이며, 집안일을 도와줄 사람을 찾고 있었어요. 세 아들 모두가 가족에게 기여하기 위해 무엇을 하고 있는지 알아차리는 것이 도움이 된다는 걸 깨달았어요. 저는 아이들에게 감사 표현을 해요. 덕분에 변화가 생겼고 아이들의 참여도 더 늘어난 것을 느낄 수 있었어요. 실제로 아이들은 기꺼이 나서서 돕고, 자신이 선택한 방식으로 참여하는 것에 행복을 느끼고 있어요."

— A. P.

• 부록 3 •

시

네 안의 네 가지 C

언젠가 너는 알게 될 거야.
얼마나 중요한지, 그 네 가지 C가
너의 자리가 있다는 걸 – 보이니?
너는 연결Connect되어 있어, 그게 바로 첫 번째 C

넌 할 수 있어, 그게 내가 보는 너야
너는 유능해Capable, 그게 두 번째 C

넌 세상을 바꿀 수 있어, 우리 모두 알아
너는 우리 안에서 소중한Count 존재야, 그게 바로 세 번째 C

그리고 어떤 일이 닥쳐와도 – 보이니?
너는 너 자신을, 그리고 나를 위해 해낼 거야.
너는 용기Courage를 가졌어, 그게 바로 네 번째 C

그러니 네가 어디에 있든지 간에
절대 잊지 마, 그 네 가지 C를.

– 요아브 쇼함Yoav Shoham, 이스라엘

• 부록 4 •

추가 도서와 자료

가족회의 관련 도서

- Bettner, B. L., & Lew, A. (1989). *Raising kids who can: Become responsible, self-reliant, resilient, contributing adults*. Connexions Press.

베티 루 베트너의 다른 저서들

- Bettner, B. L., & Adams, M. R. (2006). *The creative force*. Betty Lou Bettner.
- Bettner, B. L. (2014). *The six essential pieces of the parenting puzzle*. Creative Press.
- Bettner, B. L. (2019). *Raising kids who care about others*.

이 책들은 가족 리더십 센터(info@familyleadershipcenter.org)를 통해 구입 가능하다.

루돌프 드라이커스의 저서들

- Dreikurs, R. (1971). *Social equality: The challenge of today*. Regnery.
- Dreikurs, R. (1946). *The challenge of marriage*. Hawthorn Books, Inc.
- Dreikurs, R. (1953). *Fundamentals of Adlerian psychology*. Alfred Adler Institute.

데이브 키언스의 저서들

월터 베트너Walter Bettner를 기리며, 아들러 심리학을 함께 나눈 데이브 키언스Dave Kearns의 저서 두 권을 여러분과 나눈다.

- Kearns, D. (2013). *Walt lives in Adleria*. Cló an Aibhleog Dearg.
- Kearns, D. (2013). *Walt in heaven: The encourager of angels*. Cló an Aibhleog Dearg.

미주

1. Dreikurs, R., & Soltz, V. (1964). *Children: The challenge*. Hawthorn. Reprint, Plume. p 39.

2. Ansbacher, H. L., & Ansbacher, R. R. (Eds.). (1964). *The individual psychology of Alfred Adler: A systematic presentation in selections from his writings* (1956 First Harper Torchbook edition published). Basic Books. p. 131.

3. Ansbacher, H. L., & Ansbacher, R. R. (Eds.). (1964). *The individual psychology of Alfred Adler: A systematic presentation in selections from his writings*. Basic Books. p. 131.

4. Ansbacher, H. L., & Ansbacher, R. R. (Eds.). (1964). *The individual psychology of Alfred Adler: A systematic presentation in selections from his writings*. Basic Books. p. 225.

5. Ansbacher, H. L., & Ansbacher, R. R. (Eds.). (1964). *The individual psychology of Alfred Adler: A systematic presentation in selections from his writings*. p. 161.

6. Ferguson, E. D. (1995). *Adlerian theory: An introduction.* Adler School of Professional Psychology, Chicago, IL. p.3.

7. Ansbacher, H. L., & Ansbacher, R. R. (Eds.). (1964). *The individual psychology of Alfred Adler: A systematic presentation in selections from his writings*. p. 161.

8. Schultz, P. (2007). *Failure* . Houghton Mifflin Harcourt Pub. Co., NY.

9. Ansbacher, H. L., & Ansbacher, R. R. (Eds.). (1964). *The individual psychology of Alfred Adler: A systematic presentation in selections from*

his writings. p. 434.

10. Shifron, R. (1999). Addictive behaviors: An adlerian perspective. Yearbook 1999, A Collection of Topical Essays, by the Adlerian Society (of the United Kingdom) and the Institute for Individual Psychology.

11. Ansbacher, H. L., & Ansbacher, R. R. (Eds.). (1964). *The individual psychology of Alfred Adler: A systematic presentation in selections from his writings*. p. 111.

12. Ansbacher, H. L., & Ansbacher, R. R. (Eds.). (1964). *The individual psychology of Alfred Adler: A systematic presentation in selections from his writings*. p. 386.

13. Ansbacher, H. L., & Ansbacher, R. R. (Eds.). (1964). *The individual psychology of Alfred Adler: A systematic presentation in selections from his writings*. p. 117.

14. Ansbacher, H. L., & Ansbacher, R. R. (Eds.). (1964). *The individual psychology of Alfred Adler: A systematic presentation in selections from his writings*. p. 115.

15. Stein, H. (Ed.). (2006). Collected Clinical Works of Alfred Adler. *The General System of Individual Psychology, 12*, p. 185

16. Ansbacher, H. L., & Ansbacher, R. R. (Eds.). (1964). *The individual psychology of Alfred Adler: A systematic presentation in selections from his writings*. p. 14.

17. Dreikurs, R., & Soltz, V. (1964). *Children: The challenge*. Hawthorn. Reprint, Plume. p 36.

18. Dreikurs, R., & Soltz, V. (1964). *Children: The challenge*. Hawthorn. Reprint, Plume. p 38.

19. John, K. (2019). Holding the baby: Leadership that inspires and contains ambition and anxiety. In *Democratising leadership in the early years: A systemic approach* (pp. 38-86). Routledge.

20. Ansbacher, H. L., & Ansbacher, R. R. (Eds.). (1964). *The individual psychology of Alfred Adler: A systematic presentation in selections from his writings*. p. 156.

21. Ansbacher, H. L., & Ansbacher, R. R. (Eds.). (1964). *The individual psychology of Alfred Adler: A systematic presentation in selections from his writings* p. 156.

22. Kopelowicz, A., Liberman, R. P., & Zarate, R. (2006). Recent advances in social skills training for schizophrenia. Schizophrenia Bulletin, 32(suppl_1). S12-S23.

23. Yang, J., Milliren, A., & Blagen, M. (2009). *The psychology of courage: An adlerian handbook for healthy social living*. New York. Routledge. p. 14.

24. Jessup, L. E., & Baldwin, E. L. (2015). Parenting with courage and uncommon sense. CreateSpace Independent Publishing Platform.

25. Gershoff, E. T., & Lee, S. J. (2020). *Ending the physical punishment of children*. American Psychological Assoc.

26. Bettner, B. L., & Lew, A. (1989). *Raising kids who can*. Newton Centre, MA. Publisher Authors. p. 49.

27. Shifron, R. (1999). *Addictive behaviors: An adlerian perspective*. Yearbook 1999, A Collection of Topical Essays, by the Adlerian Society (of the United Kingdom) and the Institute for Individual Psychology.

28. Huntington, S. P. (2011). *The clash of civilizations and the remaking of world order*. Simon & Schuster.

참고문헌

Adler, A. (1917). *Compensation: A contribution to clinical medicine* (E. E. Jellife, Trans.). New York Nervous Mental Diseases Publishing Company. (original German, 1907).

Ansbacher, H. L., & Ansbacher, R. R. (Eds.). (1964). *The individual psychology of Alfred Adler: A systematic presentation in selections from his writings*(1956 First Harper Torchbook edition published). Basic Books.

Bettner, B. L. (2006). *The Creative Force*. Media, PA. Creative Press.

Bettner, B. L., & Lew, A. (1989). *Raising Kids Who Can*. Newton Centre, MA. Publisher Authors.

Briggs, J. (1970). *Never in Anger: Portrait of an Eskimo Family*. Harvard Univ. Press.

Dreikurs, R., & Soltz, V. (1964). *Children: The Challenge*. Hawthorn.

Dreikurs, R. (1958). *The Challenge of Parenthood*. Duelle, Sloan and Pearce.

Dreikurs, R., Cassel, P., & Ferguson, E. D. (2004). *Discipline without Tears*, rev. ed., Canada.

Ellenberger, H. (1970). *The Discovery of the Unconscious*. Basic Books, Inc. p. 645.

Ferguson, E. D. (1995). *Adlerian theory: An introduction*. Adler School of Professional Psychology, Chicago, IL.

Frankl, V. E. (1970). Tributes to Alfred Adler on his 100th birthday. *Journal of Individual Psychology, 21*(1), 12.

Gershoff, E. T., & Lee, S. J. (2020). *Ending the physical punishment of children*. American Psychological Assoc.

Hoffman, E. (1994). *The drive for self: Alfred Adler and the founding of individual psychology*. Addison-Wesley.

Huntington, S. P. (2011). *The clash of civilizations and the remaking of world order*. Simon & Schuster.

Jessup, L. E., & Baldwin, E. L. (2014). *Parenting with courage and un common sense*. Parent Encouragement Program. First edition: 2012.

John, K. (2019). Holding the baby: Leadership that inspires and contains ambition and anxiety. In *Democratising leadership in the early years: A systemic approach*. Routledge.

Lew, A., & Bettner, B. L. (1996). *A parent's guide to understanding and motivating children*. Connexions Press.

Platt, J. (1991). *Life in the family zoo*. Publisher Author.

Schultz, P. (2007). *Failure*. Houghton Mifflin Harcourt Pub. Co., NY.

Shifron, R., & Bettner, B. L. (1999, August 3-7). "Addictive Behaviors: An Individual Psychology Perspective." Presentation at the 21st International Congress for Individual Psychology. Chicago, IL, US.

Shifron, R. (1999). Addictive Behaviors: An Adlerian Perspective. Yearbook 1999, *A Collection of Topical Essays*, by the Adlerian Society (of the United Kingdom) and the Institute for Individual Psychology.

Stein, H. (Ed.). (2006). Collected Clinical Works of Alfred Adler. *The General System of Individual Psychology, 12*, 185.

Vygotsky, L. (1926). *Zones of proximal development*. Russia.

Yang, J., Milliren, A., & Blagen, M. (2009). *The psychology of courage: An adlerian handbook for healthy social living*. Routledge.

찾아보기

저자 소개

Betty Lou Bettner(Ph.D., LPC)

베트너 박사는 40년 이상 개인, 가족, 커플, 아동, 사회복지사, 교육자, 상담자, 치료자와 함께 개인 상담을 해 왔다. 그녀는 수천 명의 전문가, 부모 집단, 직장, 현직 교육자를 대상으로 강연, 강좌, 워크숍을 진행했다. 또한 학교와 지역사회에서 부모 교육 집단을 활성화하기 위해 대학원생들을 교육하고 아들러 심리학에 대한 고급 훈련을 하고 있다.

그녀는 현재 중국 상해의 와이즈 에듀 플러스Wise Edu Plus의 마스터 트레이너이며, 북미 아들러 심리학회The North American Society of Adlerian Psychology의 전문가이다.

그녀는 25년 동안 펜실베이니아 스프링필드 학군의 가족교육센터장이었다. 또한 필라델피아 커뮤니티 대학Community College of Philadelphia, 노이만 대학교Neuman University, 홀리 패밀리 대학교Holy Family University에서 부모 교육 프로그램을 개발하고 가르쳤다.

그녀는 청년 최고 경영자 협회Young President's Organization와 세계 경영자 협회World Presidents Organization에서 강연을 진행한 바 있다. 또한 1990년부터 국제 아들러 여름학교International Committee of Adlerian Summer Schools & Institutes: ICASSI의 교수진으로 활동하며 13개국에서 강연을 했다. ICASSI 이외에도 미국, 이스라엘, 중국, 튀르키예, 아일랜드, 러시아, 에스토니아, 포르투갈, 인도, 푸에르토리코, 웨일스, 대만에서 임상, 커플, 부모, 교사 워크숍을 진행했다.

그녀는 『개인심리학회지Journal of Individual Psychology』의 편집자로 공헌했다(1999~2016). 또한 미국상담학회American Counseling Association, 북미 아들러 심리학회, 국제 결혼 및 가족 상담학회International Association of Marriage and Family Counseling의 회원이다.

가족 리더십 센터

가족 리더십 센터의 설립자 마지 롱쇼어Marjie Longshore는 베티 루 베트너 박사와 협력하여 이 책을 만들었다. 가족 리더십 센터는 모두가 더 나은 세상을 만드는 데 참여할 수 있는 도구와 지원 그리고 격려를 제공한다. 지난 6년 동안 우리는 삶의 가장 기본적인 관계를 육성하고 격려하기 위해 증거 기반 실제의 실용적인 도구를 제공하는 혁신적인 프로그램을 제공해 왔다. 이러한 도구는 육아나 자녀 돌봄에 어려움을 겪고 있는 사람들에게 희망을 주며, 좀 더 자신감 있고 즐겁게 조화로운 경험을 하기를 격려한다. 그 파급 효과는 지역 공동체를 강화한다.

우리를 찾아 주셔서 기쁘게 생각하며, 지역 공동체의 일원이 되기를 바란다.

Family Leadership Center
(Powered by 4C Institute)
www.familyleadershipcenter.org
162 Main Street
Yarmouth, ME 04096
(207) 847-3031

역자 소개

오정선(Oh, Jung-Sun)

목포대학교 교육학 박사(교육심리 전공)

현　아들러부모교육연구소 소장

〈주요 저서〉

사회성과 대화능력을 길러주기(공저, 홍경자심리상담센터, 2017)

유리향(Yu, Li-Hyang)

전남대학교 교육학 박사(상담심리 전공)

현　서울신서초등학교 교사

〈주요 저·역서〉

개인심리학적 상담: 아들러상담(공저, 학지사, 2021)

교사를 위한 아들러 심리학(공저, 학지사, 2018)

아들러 상담 및 심리치료: 통합적 안녕에 대한 접근(공역, 학지사, 2025)

아들러 심리치료(공역, 학지사, 2025)

아들러 심리치료의 실제(공역, 학지사, 2022)

용기의 심리학(공역, 학지사, 2015)

강영신(Kang, Young-Shin)

미국 Northeastern University 철학박사(상담심리 전공)

현 전남대학교 심리학과 교수

〈주요 저 · 역서〉

개인심리학적 상담: 아들러상담(공저, 학지사, 2021)

아들러 상담 및 심리치료: 통합적 안녕에 대한 접근(공역, 학지사, 2025)

아들러 심리치료(공역, 학지사, 2025)

아들러 심리치료의 실제(공역, 학지사, 2022)

아들러 상담이론과 실제(공역, 학지사, 2005)

오익수(Oh, Ik-Soo)

전남대학교 교육학 박사(교육상담 전공)

현 광주교육대학교 명예교수

〈주요 저 · 역서〉

개인심리학적 상담: 아들러상담(공저, 학지사, 2021)

교사를 위한 아들러 심리학(공저, 학지사, 2018)

아들러 상담 및 심리치료: 통합적 안녕에 대한 접근(공역, 학지사, 2025)

아들러 심리치료(공역, 학지사, 2025)

아들러 심리치료의 실제(공역, 학지사, 2022)

용기의 심리학(공역, 학지사, 2015)

격려하는 부모, 용기 있는 아이
-아들러 심리학 기반 아동 지도 핸드북-

Encouraging Parents, Courageous Children

-The Crucial Cs Handbook-

2026년 1월 10일 1판 1쇄 인쇄
2026년 1월 15일 1판 1쇄 발행

지은이 • Betty Lou Bettner
옮긴이 • 오정선 · 유리향 · 강영신 · 오익수

펴낸이 • 김진환
펴낸곳 • ㈜학지사
04031 서울특별시 마포구 양화로 15길 20 마인드월드빌딩
대표전화 • 02-330-5114 팩스 • 02-324-2345
등록번호 • 제313-2006-000265호

홈페이지 • http://www.hakjisa.co.kr
인스타그램 • https://www.instagram.com/hakjisabook

ISBN 978-89-997-3583-7 03370

정가 17,000원

역자와의 협약으로 인지는 생략합니다.
파본은 구입처에서 교환해 드립니다.

이 책을 무단으로 전재하거나 복제할 경우 저작권법에 따라 처벌을 받게 됩니다.

출판미디어기업 학지사

간호보건의학출판 **학지사메디컬** www.hakjisamd.co.kr
심리검사연구소 **인싸이트** www.inpsyt.co.kr
학술논문서비스 **뉴논문** www.newnonmun.com
교육연수원 **카운피아** www.counpia.com
대학교재전자책플랫폼 **캠퍼스북** www.campusbook.co.kr